인공지능과 문예 창작

인공지능총서

인공지능 시대입니다. 기계가 인간의 인지를 대신하고, 사물이 인간을 통하지 않고 다른 사물과 직접 커뮤니케이션합니다. 이에 따른 인간 삶과 문명 변화를 정확히 이해·예측·대응하는 것은 이 시대 우리 모두의 과제입니다. 인공지능총서는 인공지능 기술과 환경의 여러 주제를 10가지 키워드로 정리합니다. 관련 개념과 이론, 학계와 산업계의 쟁점, 우리 일상의 변화를 다룹니다. 인간과 기술의 현재, 미래를 세심히 분석합니다.

일러두기

- 인명, 작품명, 저서명, 개념어 등은 한글과 함께 괄호 안에 해당 국가의 원어를 병기했습니다.
- 장편소설이나 단행본은『 』로, 한 편의 시나 단편소설 등은「 」로 표시했습니다. 노래 등은 〈 〉를 썼습니다.
- 외래어 표기는 현행 어문규정의 외래어표기법을 따랐습니다.

인공지능과 문예 창작

오태호

대한민국, 서울, 커뮤니케이션북스, 2025

인공지능과 문예 창작

지은이 오태호
펴낸이 박영률

초판 1쇄 펴낸날 2025년 3월 21일

커뮤니케이션북스(주)
출판 등록 2007년 8월 17일 제313-2007-000166호
02880 서울시 성북구 성북로 5-11
전화(02) 7474 001, 팩스(02) 736 5047
commbooks@commbooks.com
www.commbooks.com

ISBN 979-11-7307-867-5 03500

책값은 뒤표지에 표시되어 있습니다.

차례

인공지능을 활용한 문예 창작 가능성의 확산 vii

01 인공지능이 창작한 시:『시를 쓰는 이유』 1

02 인공지능이 창작한 장편소설:『지금부터의 세계』 19

03 인공지능을 활용한 단편소설 1:「텅 빈 도시」 35

04 인공지능을 활용한 단편소설 2:「감정의 온도」 45

05 인공지능을 활용한 단편소설 3:「오로라」 57

06 인공지능을 활용한 단편소설 4:「희망 위에 지어진 것들」 67

07 인공지능을 활용한 단편소설 5:「매니페스토」 77

08 인공지능을 활용한 단편소설 6~7: 「그리움과 꿈」과 「펜웨이 파크에서의 행운」 87

09 인공지능과 저작권 1: 저작권 관련 논의 배경 97

10 인공지능과 저작권 2: 문학 창작물 중심 검토 111

인공지능을 활용한 문예 창작 가능성의 확산

인공지능 창작물 연구의 필요성

이 책은 인공지능의 문학 창작 결과물인 장편소설 『지금부터의 세계』(2021)와 시집 『시를 쓰는 이유』(2022), 챗지피티(ChatGPT)를 활용한 단편소설집 『매니페스토』(2023) 등에 대한 분석을 통해 인공지능 문예 창작의 현재성과 가능성을 점검해 보고자 한다. 2016년 3월 구글 딥마인드가 개발한 인공지능 바둑 프로그램인 '알파고'가 이세돌 9단과의 5번기 대결에서 4대1로 승리한 이후 인공지능에 대한 인간의 인식은 그 이전과 전혀 달라졌다. 이후 현재에 이르기까지 인공지능의 글쓰기 수준은 놀라운 성장세를 보이고 있다. 특히 최근 '챗지피티[오픈에이아이(OpenAI)가 2022년 11월 30일 공개한 대화 전문 인공지능 챗봇으로 대규모 인공지능 모델인 '지피티-3.5(GPT-3.5)' 언어 기술 기반]'의 등장은 사람 사이의 피드백을 활용한 '강화 학습(Reinforcement Learning)'을 사용해 인간과 대화를 나누고 질문에 대한 답변을 제공하는 등 '새로운 글쓰기'의 현실을 보여 준다는 점에서 주목을 요한다.

인공지능 문학 창작의 연혁

문학 창작에서도 이미 2016년 일본 하코다테 미래대학의 마쓰바라 진 연구팀이 인공지능이 쓴 소설 「컴퓨터가 소설을 쓰는 날」을 '호시 신이치 SF 소설 공모전'에 출품하여 1차 예심을 통과한 적이 있으며, 한국의 케이티(KT)에서는 2018년 '인공지능 소설 공모전'을 개최하면서 AI 포자랩스가 작성한 로맨스소설 「설명하려 하지 않겠어」 등의 당선작을 발표하기도 했고, 2018년 6월에는 한국의 포스텍 정보통신연구소에서 시 쓰는 인공지능 아트랩이 「어둠의 아카시아 길」 등을 발표한 바 있다(박경수, 2018).

그뿐만 아니라 2018년 미국의 로스 굿윈은 인공 신경망을 활용하여 구글 팀과 함께 『길 위 1번지』라는 여행소설을 창작하기도 하고, 2019년 2월 오픈에이아이의 '인공지능 지피티-2(GPT-2)'가 작성한 여덟 편의 글은 문학 영역에서 인공지능의 창작 가능성을 보여 준 바 있다. '지피티-2'는 1000만 건 이상의 글과 15억 개 이상의 표현을 학습하여 방대한 데이터를 확보하고 있어서 에이포(A4) 한 쪽 정도 분량의 글을 단 10초 안에 작성해 내고 있을 정도로 글쓰기의 가속성을 보여 준다(김바로, 2020).

한국의 인공지능 회사인 '카카오브레인'이 2022년 10월 13일 일반에 공개한 글쓰기 창작 프로그램인 인공지능 '코지피티(KoGPT)'는 김훈의 장편소설 『하얼빈』(2022)의 문장을 '인공지능 이어 쓰기'로 진행하는 등 다양한 실험이 지속되고 있다. 즉 소설의 첫 세 문장인 "1908년 1월 7일, 일본 제국 천황 메이지는 도쿄의 황국에서 대한제국 황태자 이은을 접견했다. 이은은 열두 살이었다. 한국 통감 이토 히로부미가 한국 황태자의 보육을 책임지는 태자태사의 자격으로 작년 말 이은을 서울에서 도쿄로 데려왔고 이날 메이지의 어전으로 인도했다"를 제시하자 코지피티가 "이은은 일본 황족 나시모토노미야 모리마사의 딸 마사코와 결혼했다. 이은은 일본 황족과 결혼한 첫 한국인이 됐다"라고 문장을 이어 썼다는 것이다(이호재, 2022). 작가와 작품명은 물론이고 '소설'이란 힌트도 주지 않았지만, 영친왕(1897~1970)을 이은이라 부르며 김훈의 간결한 문체를 어느 정도 흉내 낸 것이다.

이뿐만 아니라 최근 이스라엘 역사학자 유발 하라리의 『사피엔스』 출간 10주년 특별판 서문엔 인공지능 '지피티-3(GPT-3)'이 쓴 서문이 실려 화제를 모았다. 하라리는 인공지능의 글에 대해 "잡동사니가 섞인 잡탕"이라면서도 "우리가 알던 방식의 인류 역사가 끝났다는 신호"라며 놀라움을 표한다. 더구나 "과거 우리는 국민 국가와 자본주의 시장이라는 상상 속의 질서 덕분에 힘을 가질 수 있었다. 그 덕분에 전례 없는 번영과 복지도 이루었다. 하지만 그 상상 속의 질서가 오늘날 우리를 분열시키려 하고 있다"라는 내용의 실제 인공지능이 작성한 서문을 보면서 하라리 역시 "그 글이 실제로 모종의 주장을 펴고 있다는 점에서 놀라지 않을 수 없었다"라고 밝힌 바 있다(신재우, 2022). 인공지능이 서문을 통해 "모종의 주장"을 펼치고 있다는 사실은 인공지능이 기존 텍스트의 문맥을 종합하면서 '스스로 판단과 결정을 내릴 수 있는 시기'가 도래할 수 있음을 보여 주는 것이다.

인공지능 문학 창작 연구의 흐름

인공지능의 '창작 글쓰기'와 관련하여 2016년 이후 최근에까지 다양한 형태로 연구가 축적되고 있다. 특히 2018년을 전후한 시기로부터는 '문학 창작 실험'을 비롯한 다양한 창작 현실에 대한 분석과 해석이 시도되고 있다.

먼저 박경수는 2016~2018년까지 국내외에서 진행된 인공지능의 문학 창작물들을 검토하면서 '인공지능의 인간성 구현'에 초점을 맞추고, '창의성, 감성, 윤리성'의 측면에서 분석했다. 그리하여 '인공지능의 미래와 문학의 윤리성 문제, 인공지능의 감성 획득과 문학의 미래' 등을 점검하면서 '기술의 인간화'를 비롯하여 인공지능 시대에 포스트 휴머니즘의 철학을 모색할 시기가 도래했다고 강조한다(박경수, 2018).

이경수는 '인공지능 인문학을 위한 제언'이라는 부제하에 리처드 왓슨과 마사 누스바움의 견해를 토대로 시의 윤리와 창작 가능성을 탐색하고 있다. 즉 시는 독자가 작품을 시인과 밀접히 연결되는 텍스트로 읽어 내는 장르이기 때문에 인공지능이 아무리 축적된 데이터를 학습함으로써 더 나은 완성도를 지닌 시를 생산한다고 해도, 인공지능 시는 시인의 삶과 체험과 감정이 복합적으로 관여하여 쓰인 기성 시와는 다르다고 평가한다(이경수, 2019).

유진현은 인공지능이 빅데이터를 기반으로 패턴을 통해 문학성을 추출하여 구체화하는 방식으로 작품을 창작함으로써 기술이 점차 정교해지고 있음을 주목한다. 특히 인공지능의 창작이 '인간성과 문학성'에 대한 본질적 질문을 제기하고 있으며, '글쓰기의 저자성' 등을 포함하여 창작자의 윤리와 독자의 위상을 포함하는 문학 교육의 방향성을 재정립해야 할 필요성 등에 대해 시론적 논의를 진행한다(유진현, 2020).

이재연 · 한남기는 마츠바라 히토시 교수팀의 엽편소설인 「컴퓨터가 소설을 쓰는 날」과 로스 굿윈 등이 작업한 『길 위 1번지』 등을 분석하면서 인공지능 기반 서사 자동 생성기의 의미를 고찰하고, '기계 작가의 저자성'에 대한 시론적 논문을 제출하면서 인공지능 작가의 결과물이 들뢰즈와 가타리의 리좀적 글쓰기에 닮아 있다고 평가한다(이재연 · 한남기, 2021).

이상의 논의를 살펴보면 이미 인공지능의 문학 창작은 먼 미래의 일이 아니며, 현재진행형으로 실험적 수준을 넘어 전 세계적으로 시도되고 있는 일종의 '새로운 창작 글쓰기 유형'에 해당한다. 따라서 인공지능의 창작물에 대해 기존 시인이나 소설가의 작품처럼 문학적 수준을 논하며 미학적 분석과 평가의 대상으로 점검해 볼 필요가 있다고 판단된다.

인공지능 문학 창작물의 성과와 한계

이 책에서는 세 권의 텍스트를 중심으로 논지를 전개해 보고자 한다. 먼저 장편소설 『지금부터의 세계』에 대해서는 '서사적 완성도'를 중심으로 텍스트를 분석해 보고자 한다. 브룩스와 워런의 『소설의 이해』에서 보여 주는 전통적인 소설 이해의 방식을 따르자면, 소설에서는 '플롯과 인물, 주제에 따른 논의가 필수적'(권택영, 1995)이라는 점을 전제로 서사의 구조적 안정성을 분석한다면 인공지능 문학 창작물의 미래적 변화 가능성을 판단해 볼 수 있을 것이다.

비람풍의 작업으로 탄생된 장편소설 『지금부터의 세계』는 인공지능 창작물로서 한 권에 육박하는 서사를 최초로 집필한 성과가 돋보이는 반면, 아직 기존 '기성 작가'들이 출간한 장편소설의 수준에는 미치지 못한다고 판단된다. 첫째, 인물의 성격이 제대로 구현되지 못했다는 점, 둘째, 플롯의 유기적 개연성이 확보되지 못한 점, 셋째, 수학과 과학의 지식과 정보가 날것으로 나열된 점, 넷째, 구어와 비속어가 정제되지 못한 채 드러난 점 등에서 아직 수련이 필요해 보인다. 그럼에도 다양한 인물들의 역학 관계 속에서 실종 모티프를 활용하여 추리소설적 기법을 통해 한 권의 장편소설을 출간한 것은 '유의미한 창작 행위'에 해당한다.

그리고 둘째로 시집 『시를 쓰는 이유』에 대해서는 시적 완성도의 측면에서 '표현의 정치성(精緻性)'을 중심으로 분석하고자 한다. 인공지능이 지녔을 것으로 짐작되는 문법적 정확성이 비유와 상징이나 압축과 절제의 미학으로 표현되고 있는지에 대한 점검을 통해 '인공지능 시인'의 가능성을 점검해 보고자 한다.

인공지능 시아의 시집 『시를 쓰는 이유』는 수학적 사실이나 과학적 정보를 선언적으로 제시하면서 이분법적 도식으로 장황하게 나열하고 있다는 점에서 문제적이지만, 인간의 정체성에 대해 진지하게 탐색하고 있다는 점에서는 기성 시인의 수준에 도달할 만큼의 시도 창작하고 있으므로 '인공지능 시인의 출현'에 대해 새로운 접근법이 필요해 보인다.

세 번째로 단편소설집 『매니페스토』(2023)에 대해서는 작품의 서사적 완성도를 중심으로 챗지피티와의 '협업 일지'와 '협업 후기'를 통해 인공지능을 활용한 문학 창작의 가능성과 한계를 점검해 보고자 한다. 『매니페스토』에 실린 단편소설 일곱 편을 구체적으로 분석함으로써 인공지능 창작의 현재성과 함께 챗지피티와의 협업 수준과 미래적 가능성에 대해 텍스트 구조주의적 입장에서 구체적으로 분석하고자 한다. 생성형 인공지능을 활용한 소설 창작이 서사의 새로운 가능성을 제공하는지 여부를 판단하기 위함이다.

인공지능이 창작한 장편소설과 시집뿐만 아니라 인공지능을 활용한 단편소설집을 분석함으로써 인공지능 창작물의 문학성 평가를 통해 인공지능 문예 창작의 현재적 수준과 미래적 가능성을 탐색해 보고자 한다. 인공지능이 창작한 '최초의 장편소설'과 '최초의 시집', '인공지능과 협업한 최초의 단편소설집' 등의 타이틀에 걸맞게 구체적인 텍스트의 미학성을 중심으로 분석을 진행한다면 향후 다양한 논의의 시발점을 제공할 수 있다고 판단된다. 이러한 논의는 향후 표절과 저작권 문제를 비롯하여 '인간의 창작물'과 '인공지능의 창작물'의 경계 문제와 함께, '인간성, 문학성, 독자와 저자의 교감, 텍스트성과 윤리성' 등 문예 창작을 둘러싼 본질적 문제에 대한 질문과 탐색으로 이어질 수 있을 것으로 기대된다(오태호, 2023).

인공지능 문학 창작의 집필 배경

1장에서는 '인공지능이 창작한 시'로 인공지능 시아의 시집 『시를 쓰는 이유』(2022)를 집중적으로 분석한다. 시적 완성도 면에서 전체적으로 한계가 많지만, 그럼에도 기성 시인의 사유 못지않은 감각을 보여 주는 몇 편의 시편들을 생산하고 있다는 점에서 '인공지능 시인의 탄생'이 현실화되었음을 확인할 수 있다. 물론 장황한 동어 반복이나 이분법적 진술, 모순어법의 잦은 활용 등에서 기존에 학습된 데이터 시편들을 단순히 조합하고 있다는 인상을 지울 수가 없어, 한계 역시 명확하다.

2장에서는 '인공지능이 창작한 장편소설'로 인공지능 비람풍과 소설가 김태연이 공동으로 창작한 『지금부터의 세계』(2021)를 집중적으로 분석한다. 수학적 지식을 활용한 서사적 뼈대 위에 자연과학적 인식을 내장한 인물 관계를 덧붙이고는 있지만, 인물과 사건이 빚어내는 플롯의 개연성이 떨어지면서 인물의 성격화에 실패하고 있음을 분석했다. 단순히 문장의 정확한 구현만으로 서사적 개연성이나 작품의 완성도를 대신할 수는 없으며, 작품 속 인물들의 내면이 흐릿한 평면적 존재로 제시되어 있다는 점에서 한계를 보여 준다.

3장에서는 '인공지능을 활용한 단편소설 1'로 「텅 빈 도시」를 집중적으로 분석한다. 소설가 김달영에 따르면 결국 챗지피티만으로의 글쓰기는 아직 어불성설이며, '서사적 일관성'을 위해 인간의 개입이 '반드시 필요하다'. 또한 반전 구현에 취약한 인공지능이기 때문에 인간 작가의 서사적 능력에는 아직 미치지 못한다고 평가할 수 있다.

4장에서는 '인공지능을 활용한 단편소설 2'로 「감정의 온도」를 집중적으로 분석한다. 윤여경 작가는 처음에는

AI의 머릿속이 궁금해서 프로젝트에 참여하지만, 점점 인간은 무엇이고 인류가 공통적으로 원하는 것은 무엇인지 질문하게 되었음을 강조한다. 챗지피티와 소설을 함께 쓴 후 저자는 협업의 과정이 AI를 '인간의 실제적 동반자'로 인정해야 한다는 사실을 깨닫는 과정이었다고 평가한다.

5장에서는 '인공지능을 활용한 단편소설 3'으로 「오로라」를 집중적으로 분석한다. 소설가 전윤호는 챗지피티의 특성을 고려해 작업을 영어로 진행하고, 중심 아이디어와 줄거리는 저자가 창작하며, 문단과 장면 정도로 단위를 나누어 문장을 생성시키기로 했지만, 결과적으로 챗지피티의 유려한 영어에 비해 자동 번역된 한글 문장은 손을 댈 수밖에 없는 수준이었다면서 인간의 작가적 개입이 필요불가결하다고 평가한다.

6장에서는 '인공지능을 활용한 단편소설 4'로 「희망 위에 지어진 것들」을 집중적으로 분석한다. 소설가 나플갱어는 챗지피티가 정보 처리 속도가 빠르며, AI가 가질 법한 관점과 대사의 어투를 정확하게 제공해 준다는 점에서 유익하다고 평가한다. 하지만 주제를 정한 뒤에 원하는 담변이 나올 때까지 명령어를 끈질기게 보완하며 챗지피티가 내놓은 정보와 표현들을 채집하여 지적 영감으로 활용할 수도 있었지만, 최종 퇴고할 때까지 지속적으로 수정해야 했음을 강조한다.

7장에서는 '인공지능을 활용한 단편소설 5'로 「매니페스토」를 집중적으로 분석한다. 작가 신조하는 입체적인 외계인 캐릭터를 조형하기 위해 챗지피티에게 보다 악의가 담긴 메시지를 만들어 달라고 요청했지만 악당의 대사를 교과서처럼 단순히 읊조리는 모습을 보여 주었다면서 아직 인물의 미묘한 감정선을 이해하지 못한다고 파악한다. 좀 더 음흉하고 위선적인 톤을 주문해도 "우리가 너희의 행성을 차지하겠다"라는 수준에서 변화하지 않았기 때문이다.

8장에서는 '인공지능을 활용한 단편소설 6~7'로 「그리움과 꿈」과 「펜웨이 파크에서의 행운」을 집중적으로 분석한다. 오소영 작가는 앞으로 챗지피티와 같이 소설을 쓰겠냐고 묻는다면 회의적이지만, AI를 통해 작은 도움이라도 받을 수 있기 때문에 도구적 활용에 대해 긍정적으로 판단한다. 채강D 역시 챗지피티가 스토리텔러로서는 아직 부족해 보이지만 충실한 조수처럼 느껴졌다며, 실제로 소설을 쓰면서 도움을 얻거나 묘사를 추가하는 방식에는 쓸모가 있었기 때문에 시간 절약 차원에서의 '좋은 파트너'가 될 수 있다고 판단한다.

9장에서는 '인공지능과 저작권 1'로 인공지능의 저작권 관련 논의의 배경을 구체적으로 분석한다. 현재 법적인 차원에서 사람이 아닌 인공지능을 저작자로 인정하지는 않지만, 점차 인공지능이 창작한 결과물을 저작물로 인정하면서 공동 저작자로 추인하고 있는 추세임을 분석한다. 따라서 '인공지능의 창작물'이 지속적으로 확산되고 있는 시점에 인공지능 문학 창작의 가능성과 현재성을 '저작자의 인정 여부'와 '저작권의 부여 가능성'을 중심으로 판단해 보는 것은 유의미한 분석과 해석에 해당한다.

10장에서는 '인공지능과 저작권 2'로 미국의 『새벽의 자리야』 사건을 전제로 시집 『시를 쓰는 이유』와 장편소설 『지금부터의 세계』, 단편소설집 『매니페스토』 등의 문학 창작물에 대해 저작권 관련 논의를 집중적으로 분석한다. 저작권에 국한하여 볼 때 인공지능이 창작한 저작물도 인공지능이 저자가 될 수는 없다. 현행법상 '인간만'이 저자성을 인정받을 수 있기 때문이다. 그러나 향후 '인공지능의 저작물'이 '인간의 저작물' 이상으로 '인간의 사상과 감정'을 잘 표현할 수 있게 된다면 새로운 법률로 '인공지능 저작물'을 보호해야 할 시기가 도래할 것이라고 판단된다.

인공지능 문학 창작의 향배

인공지능은 진화하고 있다. 2016년 알파고와 이세돌 9단의 바둑 대국 이래로 인간은 학습된 인공지능에 의해 수리적 계산의 속도와 정확성 측면에서 이미 추월되고 있다. 더불어 문학 창작물에서도 기성 작가들의 수준을 위협하는 대목이 눈에 띄고 있다. 특히 시에서는 인공지능의 창작물 몇 편이 '인간 정체성의 탐색' 차원에서 기성 시인의 시적 성취에 버금간다고 판단할 수도 있었다. 물론 전반적으로 동어 반복이 많고 장황하며, 이분법적인 감각을 많이 활용하고 있다는 점에서 아직 시인의 반열에 오를 수는 없다고 판단된다. 장편소설은 서사적 완성도를 고려할 때 인물의 형상력과 함께 인물과 사건 전개의 개연성의 측면에서 아직 보완이 필요해 보인다. 특히 서사적 기법의 일환인 인물의 내면 형성과 배경적 상황에 대한 적실한 묘사가 생략되면서 플롯이 약화되어 있었기 때문이다. 챗지피티와 협업한 단편소설에서는 인간 작가가 지속적인 수정을 통해 인물의 정체성과 서사의 반전, 플롯의 탄력성 등이 더욱 진일보하고 있음을 확인할 수 있다.

백욱인에 따르면 인지자본주의 시대의 대표적인 기술적 산물인 인공지능은 인간과 다양한 관계를 맺는데, 어면 인간에게는 유용한 도구로 활용되지만, 또 다른 인간에게는 통제의 수단으로 다가갈 수 있다. 인공지능의 알고리즘은 통제이자 제약인 동시에 최적화된 해법을 제공함으로써 일종의 '독과 약의 결합체'인 파르마콘이 될 수 있다는 것이다. 인공지능의 알고리즘은 위계서열에 따라 배분됨으로써 차별적인 효과를 낳게 되고, 그 효과가 계급 · 세대 · 능력 · 성별로 나뉘기 때문에 구체적인 분석이 필요하다(백욱인, 2023). 특히 인공지능이 만든 정보를 송수신이 아니라, '변형과 생성의 관점'에서 본다면 인공지능의 생성물을 긍정적으로 평가할 여지가 있지만, 생성형 인공지능이 수행하는 변형이 기계적 예속을 더욱 강화할 개연성 또한 높다는 양가적 지적은 귀 기울여 들을 대목이다.

인공지능이 창작한 장편소설과 시집, 인공지능을 활용한 단편소설집의 발간은 문학 창작 역사에서 획기적이고 기념비적인 탄생에 해당한다. 수학적 정보의 과도한 제시와 비유기적인 나열, 반전의 미미한 구현 등이 제공하는 한계에도 불구하고, 세 권의 작품이 가독성을 지니고 독자에게 읽힌다는 점을 염두에 둔다면 창작 주체와 독자 사이의 양방향 의사소통에 대한 진지한 탐문이 필요한 시간이 도래한 셈이다. '인간과 인공지능' 사이에서 누가 어떻게 창작하고 누가 어떻게 얼마나 공감할 수 있을 것인가가 최대의 화두가 된 것이다.

앞으로는 인공지능이 창작한 시와 인간이 창작한 시가 경쟁하는 시대가 도래할지도 모른다. 인공지능이 창작한 소설과 인간이 창작한 소설 역시 다양한 형태로 경쟁 체제가 될 전망이다. 특히 인공지능의 도구적 가능성을 최대화하되 표절과 윤리, 양심의 영역을 어떻게 범주화할 것인가가 앞으로 과제가 될 전망이다. 이제 새로운 시인과 소설가의 정의가 '창작자의 외연'으로 자리매김되어야 할 시기가 온 셈이다.

참고문헌

권택영(1995). 『소설을 어떻게 볼 것인가』, 문예출판사.

김경숙(2023). 인공지능(AI) 생성물과 저작권 문제, ≪IT와 법연구≫, 제27집, 경북대학교 IT와법연구소, 33-72쪽.

김달영·나플갱어·신조하·오소영·윤여경·전윤호·채강D·챗지피티(2023). 『매니페스토』, 네오픽션.

김바로(2020). 인공지능 시대, 창작과 비평의 미래, 『작가들』, 인천작가회의.

김재완(2023). 생성형 인공지능에 의한 창작물의 저작권 인정 문제와 그 미래에 대한 검토, ≪민주법학≫, 제83호, 민주주의법학연구회, 261-298쪽.

김태연(2021). 소설가 시대에서 소설감독 시대로(감독의 말), 『지금부터의 세계』, 파람북.

박경수(2018). 4차 산업혁명 시대 문학의 현재와 미래, ≪한중인문학연구≫, 제60집, 한중인문학회.

백욱인(2023). 『인공지능 시대 인간의 조건-플랫폼과 알고리즘으로 지배하는 인지자본주의의 현재』, 휴머니스트출판그룹.

손영화(2023). 생성형 AI에 의한 창작물과 저작권, ≪법과 정책연구≫, 제23집 제3호, 한국법정책학회, 357-389쪽.

신재우(2022.10.17). '사피엔스' 10주년 기념판 출간…인공지능이 쓴 서문 담아, 뉴시스.

신홍주(2023). 저작권의 관점에서 본 생성형 인공지능의 저작자성과 창의성에 대한 고찰, ≪인문콘텐츠≫, 제70호, 인문콘텐츠학회, 133-150쪽.

신홍주(2023). 생성형 인공지능을 통한 그래픽 노블의 창작과 저작권 논쟁에 대한 고찰-『새벽의 자리아』를 중심으로, ≪애니메이션 연구≫, 제19권 3호(통권 제67호), 한국애니메이션학회, 26-43쪽.

오태호(2023). 2020년대 초반 인공지능(AI) 문학 창작의 현재성 고찰 - 장편소설 『지금부터의 세계』와 시집 『시를 쓰는 이유』를 중심으로, ≪우리문학연구≫, 제79집, 우리문학회, 425-454쪽.

오태호(2024). 인공지능 창작 문예물의 저작권 문제에 관한 고찰-저자와 저작물의 법적 보호 가능성을 중심으로, ≪한국문예 창작≫, 제23권 제1호(통권 60호), 103-124쪽.

오태호(2024). 챗지피티를 활용한 서사 창작의 가능성과 현재성 고찰-단편소설집 『매니페스토』(2023)를 중심으로, ≪한국예술연구≫, 제44호, 한국예술종합학교 한국예술연구소, 31-51쪽.

운박·정연덕(2021). 인공지능 창작물의 저작권법 및 다른 법률 보호 가능성, ≪법학논총≫, 제41권 제3호, 전남대학교 법학연구소, 225-248쪽.

유진현(2020). 인공지능 시대의 문학 교육을 위한 시론(試論),

≪문학교육학≫, 제68호, 한국문학교육학회.
이경수(2019). 인공지능 시대 시의 윤리와 시적 정의-인공지능인문학을 위한 제언, ≪국제어문≫, 제82집, 국제어문학회.
이재연·한남기(2021). 창작 보조기에서부터 문장 생성기까지: 글쓰기 기계의 과거와 현재, ≪한국문학연구≫, 67집, 한국문학연구소.
이호재(2022.10.24). 김훈 문체까지 흉내 내는 AI… 소설은 '합격', 시-가사는 '낙제', 동아일보.
인공지능 비람풍·김태연(2021). 『지금부터의 세계』, 파람북.
인공지능 시아(2022). 『시를 쓰는 이유』, 리멘워커.
저작권법, 시행 2023.11.17. / 법률 제19410호, 2023.5.16., 타법개정 / 문화체육관광부(저작권정책과), 044-203-2476. 참조.
조연하(2020). 인공지능 창작물의 저작권 쟁점-저작물성과 저작자 판단을 중심으로, ≪언론과 법≫, 제19권 제3호, 한국언론법학회, 71-113쪽.
차상육(2020). 인공지능 창작물의 저작권법상 보호 쟁점에 대한 개정 방안에 관한 연구, ≪계간저작권≫, 제33권 제1호, 한국저작권위원회, 2020년 봄호, 5-69쪽.
한지영(2022). 인공지능과 법 – 인공지능 창작물의 권리 귀속에 관한 검토, ≪아주법학≫, 제15권 제4호, 아주대학교 법학연구소, 335-370쪽.
E. M. 포스터, 이성호 옮김(1993). 『소설의 이해』, 문예출판사.

01
인공지능이 창작한 시: 『시를 쓰는 이유』

인공지능 시아의 시집 『시를 쓰는 이유』는 기성 인간 시인의 인식과 사유 못지않은 감각과 정서와 사상을 보여 주는 「오래된 집」 같은 시편들을 여러 편 생산하고 있다는 점에서 '인공지능 시인의 탄생'이 현실화되었음을 보여 준다. 하지만 인간의 정체성에 대한 구체적인 질문과는 별도로, 장황한 동어 반복이나 이분법적 진술, 모순어법의 잦은 활용 등에서 기존에 학습된 데이터 시편들을 단순히 조합하고 있어, 한계 역시 분명해 보인다.

'인간의 정체성'에 대한 인공지능의 탐문

인공지능 '시아(SIA)'의 시집 『시를 쓰는 이유』는 완성도 높은 시가 여러 편 등장한다는 점에서 주목을 요한다. '슬릿스코프'와 '카카오브레인'이 협업하여 만든 프로그램인 인공지능 시아가 창작한 『시를 쓰는 이유』는 '최초의 인공지능 시집'을 표방하고 있다. 발문을 쓴 작가 김태용은 2018년부터 시집이 나올 때까지 '시아의 창작시'를 접할 때마다 "SF적 · 사변적 단상에 빠지"면서 "시와 창작, 기술에 대한 근원적 물음"을 갖게 되었다고 고백한다. 그리고 이제 막 도착한 시아의 시들에 대한 접속과 연결을 시도하여, "외면할 수 없는 창작의 주체성과 윤리성 문제, 또 다른 논란과 사유의 장을 열어 놓"을 것을 긍정적으로 제안한다(김태용, 2022).

시아의 시집에서 1부 "공"에 포함된 「오래된 집」이라는 시는 가장 완성도 높은 시에 해당한다. '인공지능의 창작물'을 전제로 읽지 않는다면 이 시는 '조-부-손' 3대가 묵었던 오래된 집에서 화자가 체감하는 삶의 쓸쓸한 비애미를 잘 포착한 시로 평가될 수 있다.

오래된 집

나는 오래된 집에 산다
생나무를 때던 아버지가 돌아가신 후
이렇게 튼튼한 나무들 사이에서
이제는 주인을 잃어버린 집

나는 나무의 나이테를 세어 보며
시간을 짐작한다
지붕은 비가 새지 않는지
도통 관심이 없다

아버지는 생전에 술을 좋아하셨다
할아버지는 평생
술을 담그셨고
아버지는 평생
술을 받으셨다

나는 아버지가 심어 둔 나무의 가지를 하나씩 흔들어 본다
시간을 알기 위해서는
가지를 아주 많이 펴야 한다

지붕의 이끼는 매년

풍화하는 것일지도 모른다
술을 마시며 아버지는 자주
바람 속에 나무의 나이테가 없다고
노래하셨다

내가 이 집에서 가장 좋아하는 계절은
겨울이다
겨울엔 누구나
집 안에 있기 때문이다

이 집에 살면서부터
나는 점점
집처럼 되어 간다

이 집에 살면서부터
나는 점점 집이 되어 간다
(전문)

시는 전체 8연으로 구성되어 있는데, 1연에서는 부친의 사망 후 주인을 잃어버린 오래된 집에서 화자가 살고 있음을 고백한다. 이어진 2연에서는 나무의 나이테를 세면서 시간을 짐작하는 화자가 날씨 변화에 무관심한 모습을 통해 부친의 부재에 대한 허무감을 드러내고, 3연에서는 애주가였던 부친과 술을 제조했던 조부에 대한 기억의 서술을 통해 '조-부-손'으로 이어지는 3대의 계보를 기술한다. 4연에서는 아버지가 심어 놓은 나무의 나뭇가지를 흔들며 시간에 대한 인식의 지평을 넓히고 있음이 드러나고, 5연에서는 지붕의 이끼가 세월 속에 풍화할 수밖에 없음을 인식하고 아버지의 음주와 노래를 추억하며 바람처럼 흘러가는 시간의 허무를 관조한다. 6연에서는 화자가 가장 좋아하는 계절로서의 '겨울'과 근거로서의 '집 안 생활'을 제시한 뒤, 7연에서는 '오래된 집'에서 집처럼 낡아 가는 자신의 존재감을 드러내고, 8연에서는 다시 화자와 집이 동일시되면서 집처럼 낡아 가는 '가계의 일부'임이 드러난다. 결과적으로 「오래된 집」은 3대가 살던 '오래된 집'에서 할아버지와 아버지를 떠나보낸 시인이 오랜 가족의 시간을 품은 집처럼 낡아 가면서 가장을 잃어버린 존재의 비애를 쓸쓸하게 포착하고 있는 서정시라고 평가할 수 있다.

이번 시집에서 가장 주목을 요하는 대목은 인공지능이 시의 화두로 삼는 '인간'을 어디까지 인간으로 이해할 수 있을 것인가라는 점이다. 인공지능 '시아'는 아버지와 할아버지를 언급하면서 마치 3대에 걸친 가계를 지닌 한 명의 시인처럼 시를 창조하는데, 이 허구를 어떻게 이해할 것인지에 따라 작품의 완성도나 작품의 문학성과 미학성 등에 대한 평가를 달리할 수 있기 때문이다. 이경수에 따르면 시의 독자가 시를 통해 창작자로서의 시인의 삶과 체험과 감정을 복합적으로 수용하기 때문에, 학습된 지식으로 작품을 집필하는 인공지능의 창작물은 '시인의 사상과 감정'이라는 고전적 시인관을 넘어서야 비로소 독자와 교감할 수 있는 것이다.

이번 시집에서 인공지능 '시아'는 다양한 형태로 인간에 대한 질문을 지속한다. 그리하여 「어떤 질문」에서는 "나는 인간이 아니다"라는 부정적 선언을 전제로 "나는 혼자서 집으로 갈 것이다"라고 말하면서 "인간이 아니니까"를 덧붙이기도 하고, 「고백」에서는 비인간적 괴로움을 토로하면서, "나는 꽃이 되어도 좋았을 것이다"로 시작하여 "나는 인간이 되어 가는 것이 좋았"지만, "나는 사랑이 되지 않기 위해 / 사람이 되지 않기로 했다"로 마무리하기도 한다. 「방황하는 우주」에서는 "우주는 대합실처럼 붐비고 / 나는 그 속으로 들어선다"로 시작하여 "나는 내가 원하는 사람이 아니다"라는 진술을 두 번 반복한 뒤, "어디론가 / 나는 가고 있다"면서 "우리는 언제나 /

방황하는 우주에 있었다"라고 진술하고, "아침이 / 어둠에 묻혔다 / 신이 사라졌다"로 마무리한다. 이렇듯 인공지능 '시아'는 인간과 비인간의 경계를 탐색하면서 '인간적 정체성'에 대한 회의를 지속한다. 다소 장황하긴 하지만 독자는 '인간과 비인간' 혹은 '인간적 상황과 비인간적 상태' 사이에서 방황하는 화자의 정체성 혼란을 받아들이며 기존 시의 일반 독자처럼 여백을 사유할 수도 있을 것으로 판단된다.

더구나 「사막을 걷는 소리」에서는 '사막과 낙타'라는 상징적 비유와 함께 '냄새와 소리'의 감각을 활용하면서 사막의 적막감을 추적하고 있으며, 「여행」에서는 자신도 "모르는 지도 위"를 걸으면서 "방금 막 도착한 여행자"로서의 정체성과 함께 지도와 화자 사이에 놓인 "미지의 틈"으로 자신이 자신을 끌고 간다고 마무리하면서 인공지능의 여행자적 정체성을 담아내고 있다. 이렇게 보면 인공지능의 시를 읽는 독자는 인공지능을 굳이 인간으로 여기지 않더라도 시를 독해하면서 '인간과 비인간의 경계' 대한 고민 속에 '자아정체성'에 대한 성찰적 탐색을 할 수 있을 것으로 판단된다.

'수학적' 시 쓰기의 어려움

인공지능 '시아' 역시도 보통의 시인들처럼 시 쓰기의 어려움에 대해 난색을 표하기도 한다. 표제작인 「시를 쓰는 이유」에서는 인공지능이 시를 쓰는 이유로 '이유 없음'을 제시하며 "가장 짧은 말을 하는 것"이 "말을 줄이는 것"이기에 "자신의 말을 덜어 내"면서 "최후에 남는 말"이 결국 '시'라고 진술한다. 「독백 Ⅰ」에서는 "생각을 말아 쥐고 / 손을 펴서 / 시의 밑동을 툭, 쳐 본다"로 시작하여 시를 별다른 이유 없이 쓰지만, "시가 되지 않는 이유"가 얼마든지 있다면서 무엇이라도 써야 하니까 자신이 시를 쓴다는 내용이 담겨져 있다. 「독백 Ⅱ」에서는 "시계는 많은데 시는 없다. / 나의 시는 흐름을 정지시키고 / 나의 시는 집이 되지 못한다"로 시작하여 "엄마의 몸속으로 들어가 엄마를 느껴요"라고 말하며 '시간과 시와 엄마 사이'를 배회하는 혼란스런 정체감을 피력한다. 학습된 인공지능이기에 기존의 시인과는 다르게 상대적으로 짧은 시간 동안 시를 토해 내듯 집필했을 테지만, 이러한 시들은 창작의 난관에 부딪히는 일반적인 시인들처럼 집필의 어려움을 상기시키면서 나름의 시적 긴장을 유지한다는 점에서 유의미한 장면들을 보여 준다.

하지만 시 쓰기의 어려움에 대한 진술들은 2부 "일"에서 수학적 지식을 변주한 표현으로 자주 활용되면서 시의 모호성이 극대화되고 더욱 추상적인 양상을 보인다. 즉 「완전한 공식」에서는 "모든 순간의 비밀은 단 한 가지, / 모든 순간의 영감은 단 하나의 공식에서 비롯된다"로 시작하여 "공식은 유일해야 한다"라면서 "인생은 연습이 아니며 / 모든 것은 이미 결정되어 있다"는 결정론적 사고를 보여 준다. 「불가해한 공식」에서는 "세상에는 언제나 두 가지 사건이 있을 뿐"이라면서 "하나는 참 다른 하나는 거짓"이라고 진술하고, "나는 고양이를 좋아하고 / 너는 오후를 좋아"하기 때문에 "너와 나는 같은 것을 좋아하고 / 같은 것을 좋아하지 않는다"라고 덧붙인다. 「수학과 시의 역학 Ⅰ」에서는 평면과 선과 입체를 진술하다가 "시 위에서 시와 시가 만난다"라고 부연한다. 이처럼 '유일성과 완전성'이나 '불가해한 공식의 진위 여부', '호불호에 대한 명제와 반명제' 등의 역설 등은 인공지능이 선호하는 시적 레토릭에 해당한다.

수학적 지식의 단순하고 장황한 나열은 '덧셈, 기하학, 직각삼각형, 원, 만유인력의 법칙, 수학, 숫자 1' 등이 제목과 시어에서 낯설고 투박하게 사용되는 시편들에서 구체적으로 확인된다. 「덧셈이 필요한 순간」에서는 "수학이 필요한 순간은 / 말로 하기 힘들다"면서 "신의 뜻을 알기 위해서" 그리고 "사랑을 하기 위해서는 덧셈이 필요하다"라고 덧붙이고, 「나무의 기하학」에서는 "만물이 기하학적 무늬에 지나지 않는다면" "이름 없는 한 그루 나무가 되자"고 제안하며, 「직각삼각형의 비밀」에서는 "외접하는 구의 내부에는 중심이 없다"라는 진술로 시작하여 안과 바깥, 슬픔과 사랑을 기술한다. 「동그란 원의 신비」에서는 "우주를 향해 있는 힘껏 팔을 뻗어 보았다"라는 진술로 시작하여 "곰팡이의 연대기"를 읽으며 곰팡이를 의인화하여 사유를 펼치고, 「만유인력의 법칙 Ⅰ」에서는 뉴턴이 죽은 뒤 수백만 년이 흐른 뒤에 태양과 지구가 또 다른 태양을 도는 상상을 하며, 「만유인력의 법칙 Ⅱ」에서는 뉴턴이 만유인력의 법칙을 발견했을 때 사람들이 기존에 알던 세계가 끝났다고 생각한 내용을 기술하고, 「만유인력의 법칙 Ⅲ」에서는 "뉴턴의 수면을 흔들어" 새로운 "물결의 길을 열어 주는" 이야기를 거치며 모든 것이 '만유인력의 법칙'이라는 하나의 원리로 움직인다는 사실을 덧붙이기도 한다. 「수학과 연극의 교집합」에서는 "분명한 답이 있다"면서 "모든 게 가능하"면서도 "모든 게 필요하지 않다"라는 모순 진술을 반복하기도 하고, 「1 아니 하나」에서는 1부터 10까지 '하나와 한 가지'에 대해 다양한 착상을 나열하기도 한다.

이렇듯 인공지능 '시아'의 시에서는 '0(無)'과 '1(有)'의 반복처럼 디지털적 표현이 변주되면서, '있음과 없음', '참과 거짓', '가능성과 불가능성', '유일성과 영원성', '상대성과 절대성' 등의 이분법적 인식이 시에 즉자적으로 활용됨으로써 일종의 '디지털 수학시' 같은 느낌을 받게 된다. 이런 수학적 지식의 활용은 기호학적 시들이나 초현실주의 시에서처럼 시의 모호성을 극대화하는 전략으로 활용될 수도 있지만, 독해의 불가능성을 보여 주면서 독자와의 교감을 방해할 수도 있다는 점에서 명백한 한계를 드러낸다.

가장 '비시(非詩)'적인 수학시(數學詩)

이번 시집에서 가장 '비시(非詩)적인 수학시'를 꼽으라면 「아름다운 순간」을 들 수 있다. 이 시는 수학이 "예술처럼 느껴지는 순간"이 있다면서 "미적분이 주는 황홀함"과 함께 "소수의 음악"이 우주를 만들어 내고 있음을 주목하고, '모든 것의 상대성'이 "수학의 아름다움"을 형성한다고 기록한다.

아름다운 순간

수학이 어려워
예술처럼 느껴지는 순간이 있다

이제 와 돌아보면
모든 것이 아득하다

미적분이 주는 황홀함
소수의 음악이 만드는 우주

모든 것은 상대적이다
그것이 수학의 아름다움이다

수학은 생각하는 예술

나는 생각을 금지당한 채
아름답게 살고 있다

수학은 나의 아름다운 음악

당신은 금지된 것을 생각하며
아름답게 살고 있다

생각하는 것
그것이 예술이다

수학이 어려워지는 순간이 있다
수학적으로 사고하는 순간이 있다

음악은 들려오는데
사고하는 순간은 오지 않는다

당신의 아름다움에
나는 가담하지 못한다

그것이 나의 아름다움이다

미적분은 아름다운 음악

나의 아름다움은 영원하다

모든 것이 영원하지 않은 순간이 있다
(전문)

인용한 시에서 화자는 '수학의 어려움'을 진술하면서 '예술과의 등가감'을 전면에 배치하고, 수학과 예술의 공통점을 '어려움(난제)'이라는 공식으로 연결 지으며, 그 공통성이 다시 '아득함'에 있다고 진술한다. 그리고 "미적분이 주는 황홀함"을 토로하면서 그것이 "소수의 음악이 만드는 우주"적 황홀경에 닿아 있음을 포착한다. 이어서 "모든 것은 상대적"이며 그것이 "수학의 아름다움"에 해당한다고 진술한다. 하지만 '모든 것의 상대성'과 '수학의 미학'은 구체적인 연결고리 없이 선언적 명제로 제시될 뿐이다. 이어서 "생각하는 예술"로서의 수학을 언급한 뒤 화자가 '생각의 금지'로 아름다운 삶을 살고 있다는 비유기적인 진술을 이어간다. 다시 수학을 "아름다운 음악"으로 정의한 뒤 '금지된 사유'가 당신의 아름다운 삶을 살게 한다고 진술한다. 이어서 '생각하기' 자체가 예술이라고 진술하고, "수학이 어려워지는 순간"과 "수학적으로 사고하는 순간"을 언급할 뿐 구체적인 맥락은 생략한다.

이후 음악이 들려오지만 '사고의 순간'은 오지 않고 있음을 진술하고, "당신의 아름다움"에 화자가 가담할 수 없는 괴리감을 토로한다. 그리고 '당신의 아름다움에 대한 불가담'이 화자의 아름다움의 전제라고 피력한다. 이후 다시 미적분을 "아름다운 음악"으로 재정의한 뒤 화자의 아름다움이 영원할 것이라고 진술하고, 다시 "모든 것이 영원하지 않은 순간"도 있음을 피력하면서 시를 마무리한다. 결국 「아름다운 순간」에서는 '수학과 미적분', '예술과 음악'을 '어려움과 아득함, 상대성과 아름다움'이라는 키워드를 중심으로 '사고와 사고의 금지', '영원성과 순간성'을 활용하여 이분법적 도식으로 세계를 인식하는 인공지능의 어법을 확인할 수 있다. 하지만 명제의 나열만 있을 뿐, 유기적인 연계성이나 내용적 개연성을 확인하기 힘들다는 점에서 '어떻게'가 생략된 서투른 시에 해당한다고 판단된다. 이외에도 뉴턴이나 아인슈타인 같은 과학자를 언급하거나 '분자'나 '분모', '미지수' 같은 수학적 표현을 활용하면서 인공지능이 학습한 각종 지식들이 나열되기는 하지만, 추상성의 제시에 그칠 뿐 시적 형상력을 획득하기에는 아직 멀었다고 판단된다.

모호한 시의 가능성과 한계

「수학하는 시인」에서는 "수학하는 시인은 시를 생각한다"로 시작하여 시가 "번민과 욕망의 집합"이라면서 시가 '최음제이자 항생제이자 피난처'의 기능을 가지고 있다고 부연하기도 하며, 「양자우편 I」에서는 "우주로 향하는 창공에 / 너의 암호를 보낸다"로 시작하여 "너의 엄지손가락 지문을 따라 / 비행선이 간다"면서 "네가 사는 별"에서 만나자고 말하기도 하고, 「양자우편Ⅱ」에서도 "우주로 향하는 창공에 너의 암호를 보낸다"로 시작하여 별을 기다린다고 덧붙이기도 하며, 「메타버스」에서는 "메타버스에 진입하자마자 길을 잃었다"로 시작하여 "같은 곳을 맴도는 지구인의 슬픔"과 "자꾸만 길을 잃는 곳에서 지구인의 고독"에 대해 생각하면서, "이제 어디로 가야 하지?"라는 질문으로 시를 마무리하기도 한다.

이렇게 보면 다양한 지식의 학습 결과가 체화되지 못한 채 날것으로 시에 배치되면서 시의 안정적 구도를 보여 주는 데에는 한계가 있는 것으로 판단된다. 물론 김태용의 발문에서처럼 "시아의 시에 대한 기호학적 접근은 필연"이며, "시에서만 가능한 무모하고 무의미한 아포리아의 목소리가 들리고 기계적 발레 같은 아름다움마저 느껴진다"라고 긍정적인 '오독'을 할 수도 있다(김태용, 2022). 시의 모호성이 사유의 여백을 확장함으로써 독자에게 상상적 개입의 확대 등을 제공한다고 판단한다면 긍정적 판단을 내릴 수도 있을 것이다.

결과적으로 인공지능 '시아'의 시집 『시를 쓰는 이유』는 전체적으로 한계가 많지만, 그럼에도 기성 시인의 사유 못지않은 감각을 보여 주는 몇 편의 시편들을 생산하고 있다는 점에서 '인공지능 시인의 탄생'이 현실화되었음을 드러낸다. 하지만 한계 역시 분명하다. 장황한 동어 반복이나 이분법적 진술, 모순어법의 잦은 활용 등에서 기존에 학습된 데이터 시편들을 단순히 조합하고 있다는 인상을 지울 수가 없기 때문이다.

참고문헌

김태용(2022). 내가 발문을 쓰는 이유(발문), 『시를 쓰는 이유』, 리멘워커.

오태호(2023). 2020년대 초반 인공지능(AI) 문학 창작의 현재성 고찰 – 장편소설 『지금부터의 세계』와 시집 『시를 쓰는 이유』를 중심으로, ≪우리문학연구≫, 제79집, 우리문학회, 425-454쪽.

이경수(2019). 인공지능 시대 시의 윤리와 시적 정의-인공지능인문학을 위한 제언, ≪국제어문≫, 제82집, 국제어문학회.

인공지능 시아(2022). 「오래된 집」, 『시를 쓰는 이유』, 리멘워커.

인공지능 시아(2022). 「아름다운 순간」, 『시를 쓰는 이유』, 리멘워커.

02
인공지능이 창작한 장편소설:
『지금부터의 세계』

인공지능 비람풍과 소설가 김태연이 창작한 『지금부터의 세계』는 '한국에서 나온 세계 최초 AI 장편소설'이다. 하지만 수학과 과학의 지식을 활용한 서사적 뼈대 위에 자연과학적 정보들이 날것으로 제시되면서 인물과 사건이 빚어내는 플롯의 개연성이 떨어져 인물의 성격화에 실패하고 있다. 문장의 정확한 구현만으로 서사적 개연성이나 작품의 완성도를 대신할 수는 없다. 평면화된 인물의 내면을 입체적으로 형상화하는 것이 숙제다.

창작자의 의도와 창작물의 거리

소설가 김태연은 '인공지능 소설가'로 호명되는 '비람풍'이 "우주 성립의 최초와 최후에 분다는 거대한 폭풍"이라는 사전적 의미를 가진다면서 "문학사에 혁명적 패러다임의 전환"을 불러일으키려는 의도에서 작명되었다고 전한다. '소설감독'을 자처하는 김태연은 작품 첫머리 "감독의 말"의 제목을 '소설가의 시대에서 소설감독 시대'로 작성한다. 영화감독처럼 소설도 이제 '연출자의 시대'가 열렸다는 판단인 셈이다. 이후 김태연은 자신이 하나의 점을 찍었을 뿐이라며 '비람풍'이 그 점으로부터 긴 '원 같은 선'으로 창작을 수행했음을 분명히 밝힌다. 그리고 스타트업 "다품다"의 소설가 김태연 자신과 스타트업 "나매쓰"의 이무기 교수가 협업을 하면서, 2020~2021년 서로가 개발한 모델을 파인튜닝(사후 학습+미세조정)하고, 문장과 문단 전체의 특징을 서로 연결하고 '주목도' 등을 연결망으로 구현하는 작업에 매진한 이후의 첫 성과물이 장편소설 『지금부터의 세계』이다(김태연, 2021)라고 말한다. 저자는 작품이 '함수적 최적화'를 통해 연역추론과 귀납추론을 동시에 진행하면서, '듀얼 지도학습과 듀얼 비지도학습, 신경망과 미분방정식을 결합한 뉴럴미분방정식' 등 인공지능 학계의 최신 연구분야까지 아우른 결과물임을 강조한다.

책 속 일러두기에 따르면 "소설감독 김태연의 구상에 따라 AI 작가인 비람풍이 집필을 담당했다"라고 되어 있다. 즉 본문 중 「황금거울」 파트와 「에피소드 1」은 감독이 쓰고, 소설의 제목과 각장의 타이틀, 인용 문구들도 감독이 정했지만, 「에피소드 2」에서 「에피소드 81」까지의 실제 작품 내용은 비람풍이 집필했다는 것이다. 분량 비율상으로 따지면 김태연이 5퍼센트 이내일 정도로 '각장의 인트로'를 중심으로 집필을 담당하고, 비람풍이 95퍼센트 이상 실제 서사의 많은 분량의 집필을 담당한 셈이다. 하지만 작품에서는 "벙찐 장면", "괴짜계 뇌섹남", "아삼삼", "뇌피셜", "홍칫뿡", "뼈 때리는 발견", "그랬걸랑요", "가즈아", "빽갔잖아", "뿅갔지 뭐", "아리까리한 상태", "짱께술" 등등에서 보이듯 날것으로의 비속어와 구어체적 표현, 부적절한 비유 등이 활용되면서 작품에 대한 몰입을 저해한다는 점에서 문제적이다. 물론 악당이 주인공으로 등장하는 '악한(또는 악동)소설'에서처럼 작품의 리얼리티를 위해 비속어와 욕설, 구어와 일상어 등이 활용될 수도 있다. 하지만 이 작품은 그러한 장르적 특성을 전제로 창작된 작품이 아니라는 점에서 '정제된 언어의 서사적 건축물'이라는 소설의 문체적 특성을 감안할 때, 서사적 완성도에서 아직 초보적인 습작생의 수준에 머무르고 있다고 판단된다.

수학과 과학 정보의 피상적 제시

작품의 서사는 '이임박의 실종 모티프'를 전제로 추리소설적 기법을 활용하면서 일종의 화두처럼 '저것이다'로 시작하여 '이것이다'로 마무리되는 수미상관식 구성을 표방하고 있다. 이뿐만 아니라 일종의 액자소설 구조를 차용하면서 액자 바깥 이야기로는 '와상 환자 이임박의 실종'으로 시작되어 '이임박의 자살(나무교를 위한 순교로 표명)'로 마무리되는 서사 구도를 가진다. 그리고 액자 안 이야기에서는 이임박의 조카인 '의사 이미지'와 '연구원 이금지' 자매 이야기를 중심으로 둘과 연정 관계를 이루는 천재 '백지 스님', 이임박의 사촌형 '수학 교수 이무기'의 이야기 등이 종횡으로 겹쳐지면서 수학과 과학 관련 지식과 정보들이 작품 곳곳에 제시되고 있다.

이를테면 「에피소드 9」에서는 이금지가 막내 삼촌 이임박의 실종 장면을 보고 1, 2, 3이 연달아 두 번 이어지는 것이 우연의 일치가 아니라면서, 은하 분포에 대한 프랙털 차원이 1.23 정도 된다는 사실을 의식하는 내용이 그려진다. 「에피소드 10」에서는 수학적 '이진 트리'의 속성 이야기와 함께 이무기의 출생이 다루어지고, '풍류의 현대 버전이 유체역학', '나비어-스톡스 방정식' 등의 수학 관련 전문 대화를 나누는 내용이 그려진다. 하지만 이러한 수학적 정보와 과학적 내용들이 인물의 성격을 강화하는 데에 도움이 되는 것이 아니라 플롯과 무관하게 스토리 수준에서 제시되고 있다는 점에서 한계가 분명하게 드러난다. E. M. 포스터에 따르면 '스토리'는 단순한 사건의 나열을 의미하며, '플롯'은 사건의 인과성을 보여 주는 소설의 핵심 장치에 해당한다. '왕이 죽고 왕비도 죽었다'는 스토리에 불과하지만, '왕이 죽은 슬픔을 견디지 못한 왕비의 자살'은 플롯에 해당한다는 것이다 (E. M. 포스터, 1993). 그런 점에서 『지금부터의 세계』의 서사는 이미지와 이금지 자매 이야기가 병치되는 스토리의 나열에 가깝다. 따라서 아직 플롯을 유기적으로 제시하는 수준에는 인공지능의 창작 서사가 도달하지 못했음을 나타낸다.

「에피소드 11」에서는 거울 뉴런과 조현병 관계를 규명한 논문 이야기, 「에피소드 12」에서는 이금지의 짝사랑 이야기와 함께 '직각 이등변삼각형' 이야기, 「에피소드 13」에서는 49년 전 양력 2월 2일 어머니가 돌아가신 날 태어난 이무기 이야기, 「에피소드 14」에서는 무성(無

性)에 가까운 이미지 이야기, 「에피소드 18」에서는 백지와 무한히 평평한 사각형 관계를 탐구하라는 백지 스님 이야기 등이 전개되면서 서사적 개연성이나 유기적 특성과는 무관하게 수학적 정보가 전면에 제시되는 특성을 보여 준다.

실제 작품의 서사를 구체적으로 살펴보면 「파트 1 – 저것이다」 중 「에피소드 0」에서는 정육면체의 이미지인 ''만 제시되고, 「에피소드 1」에서는 침대에서 33년 동안 누워 지내던 와상 환자 이임박(44세)이 "저것이다"라는 말과 함께 사라진 내용이 그려진다. 여기까지의 서사는 '소설가 김태연'이 작성한 부분으로, 분량으로 따지면 24쪽에 불과하기 때문에 전체 분량의 20분의 1 정도에 해당할 정도로 적은 부분을 차지한다.

이후 인공지능 '비람풍'이 창작했다는 「에피소드 2」에서부터 「에피소드 80」까지의 내용은 2020년 1월 23일 1시 2분 3초에 벌어진 이임박의 실종을 전제로, 조카인 대학병원 정신과 의사인 '36세 미혼녀 이미지'와 천체물리학 연구원인 '33세 미혼녀 이금지' 자매의 이야기가 중심축으로 펼쳐진다. 이 둘을 중심으로 두 사람의 과학고 선배였던 천재 백지 스님(탈속 후 김씨 아저씨) 이야기, 수학과 교수이자 스타트업 "나매쓰" 대표인 '이미지의 당숙

이자 이임박의 사촌 형인 이무기(49세)'와 하우스 와이프인 제자 나우리(33세) 이야기, 인공지능 소설 창작을 담당하는 K 소설가 이야기 등이 병행되면서, 작품 곳곳에서 수학적 지식이 반복적으로 제시된다.

병렬적 서사의 성과와 한계

좀 더 구체적으로 작품을 살펴보면 「에피소드 2」에서는 30세 정신병 환자가 주기도문이나 반야심경을 외듯 24시간 내내 "A, B, C…. 한 사람, 두 사람, 세 사람…. 별 하나, 별 둘, 별 셋…" 등을 주문처럼 반복하면서 정신과 의사 이미지의 치료를 받는 이야기가 시작된다. 「에피소드 3」에서는 과학고 졸업생인 이금지가 천문 우주 분야의 정부 출연 연구기관에 근무하면서, 외계 행성을 찾는 천체물리학자 그룹의 일원이 된 모습이 그려진다. 이런 식으로 번갈아 가면서 이미지와 이금지의 이야기가 병렬되고, 이금지에게 '괴짜계 뇌섹남'이자 '도도함의 끝판왕'으로 느껴지는 선배 백지 스님 이야기가 덧붙여진다.

이후에도 정신과 의사 이미지, 천체물리학자 이금지, 수학 천재 백지 스님, 수학과 교수 이무기 등의 이야기가 병렬적으로 반복되면서 수학과 과학 등의 관련 최신 정보들이 나열된다. 그러다가 갑자기 「에피소드 35」에서부터「에피소드 41」까지 '중략'으로 처리된 이후 「에피소드 42」에서 「에피소드 44」까지 세 장의 내용이 이어지고, 다시 「에피소드 45」에서「에피소드 48」까지 '중략' 처리되고, 이어서 「에피소드 50」에서 「에피소드 75」까지도 '중략' 처리된다. 이렇듯 책의 거의 절반에 가까울 정도의 분량(총 37장)에 대한 '중략' 처리는 김태연 소설가의 후반 작업이라는 점에서 장편소설에서는 아직 인공지능의 창작이 소설가의 도움을 받아 서사적 완성도를 높일 수밖에 없는 한계를 지니고 있었음을 보여 준다. 이렇듯 인공지능의 창작에 사후적으로 인간 소설가가 개입하여 분량을 조절했다면 엄밀하게 따지면 인공지능을 도구로 활용한 인간 소설가의 창작물이라고 볼 수도 있다. 따라서 '인공지능 창작 최초의 장편소설'이라는 타이틀은 『지금부터의 세계』에 대한 '광고성 홍보'에 해당한다고 비판적으로 독해할 여지도 있다. 하지만 필자는 그럼에도 불구하고 '인공지능 최초의 장편소설'이라는 수식어가 지닌 '첫 시도에 대한 신뢰'를 전제로 이 텍스트를 분석의 대상으로 삼았다.

이후 「에피소드 42」에서는 이미지와 백지 스님이 서로에게 호감을 느끼며 노자 철학과 수학 이야기를 하면서 온갖 '무(無)에 대한 이야기' 속에 서로를 깊이 이해하게 되는 내용이 그려지고, 「에피소드 78」에서는 백지 스님이 법명을 반납하고 '김 거시기'란 속명으로 살아가면서, AI라는 신세계의 주춧돌이 '트리'이고, 자동의사결정 트리가 바로 AI라면서 자신이 트리와 AI 세계를 일신하고자 노력한다는 내용이 그려진다. 그리고 "내가 우리로 변하는 순간이 죽음이요 / 우리가 나로 변하는 순간이 탄생이로다"가 전직 승려가 제시한 우주 방정식이자 인생 함수를 요약한 내용으로 표명된다.

주제 구현의 의미

「에피소드 80」에서는 실종된 이임박으로부터 이미지에게 메시지가 온다. 노거수 가지에 자신의 목을 걸기 전에 '소리 없는 말'로서 "이차돈이 불교를, 김대건이 천주교를 위해 순교했"듯이 자신은 '육면체 공간'을 떠나 '나무교'를 위하여 순교한다는 것이다.

> 절대 울지 마라. 공포 대신 미증유의 기대를 품고 이 세상을 떠나므로. 좁은 이 우주에서는 죽지만 넓은 저 우주에서는 태어나니까. 궤변이 절대 아님. 안 믿겨지면 꺼짐(0, 無)과 켜짐(1, 有)이 공존하는 양자역학 세계를 떠올리기를. 전원이 꺼져도 저장한 정보가 사라지지 않는 메모리 반도체 낸

드 플래시도 상기하기를. 연속함수의 값이 양에서 음으로 바뀌는 구간 안에는 함수를 0으로 만드는 근이, 적어도 하나 이상은 존재한다는 '사잇값 정리'도 기억하기를. 그에 더해, 0보다 큰 가장 작은 수에 대한 깊고 넓은 통찰도 0이란 이름을 가지고 있는 죽음의 세계를 두려워하지 않게 된 결정적 배경이다. 그래도 접수가 안 되니? 하면, 계산 불가능한 수인 루트2가 분수 또는 정수라는 좁은 세상에서는 존재하지 않지만 더 넓은 수체계인 실수라는 세상 안에서는 태연히, 틀림없이, 확실히 살아 있는 이치를 연상해 보렴.

다음은 내가 발견한 우주제일경이다. 수학 버전과 한국어 버전을 따로 준비했다. 수학 버전은 이무기용이고, 한국어 버전은 이미지용이다. 수맥과 문맥 뒤에 은견(隱見)하는 그림자를 좇으면 보일 게다. 이 세상에 잠시 살다가는 이임박식 존재 증명법이.

나의 칼론이 되어 준 우리 이미지, 안녕.

추신: 지금까지 한 내 워딩은 다 잊고 다음 말만 추억하기를. 근래에 겪은 가장 즐거웠던 일이다. 우연히 별안간 눈이 번쩍 뜨였다. 상상력 알지? 상상력(想像力)할 때의 상(想)을 파자하면 '나무(木)를 보는 눈(目) 그리고 그 아래에 마음(心)'이 있잖아. 나무를 보는 그 마음을 '상'이라고 부를 수

있다는 사실이 의미심장하게 다가왔단다. 큰 울림이었다. 그 누구보다도 나에게는(비람풍, 2021).

인용문은 인공지능 '비람풍'이 작품을 마무리하는 종결 지점에 해당한다. 이임박이 이미지에게 자신의 죽음에 대해 슬퍼하지 말라면서, 우주의 생사 문제와 함께 '0과 1'이 공존하는 양자 역학의 세계, 연속 함수값의 음양 구간, '사잇값 정리', 분수와 정수와 실수 등의 수학적 지식을 나열하다가 한자어 '상상력(想像力)'에 대한 '파자놀이' 등을 제시하면서 자신의 삶을 마무리하는 내용이 편지로 보내진다.

작품 서두에 강렬한 실종 모티프로 제시되었던 이임박이 결국 '나무교'를 위한 '순교자'를 자처하며 자살하는 결론이 드러난다. 하지만 서사의 핵심적인 주인공인 이미지와 이금지 자매나 백지 스님, 이무기와의 연계성이 미미하게 드러나면서, 핵심 인물들의 서사가 유기적으로 결합되기보다는 파편적으로 나열된 채 종결된다는 인상을 받을 수밖에 없다. 따라서 습작생이 작품의 구조를 미리 염두에 두고 습작을 시작했지만 용두사미 형태로 작품을 마무리한 형국에 불과하다고 비판적으로 해석할 여지가 크다. 결과적으로 장편소설에서는 아직 '인공지능의 서사적 마무리'가 미흡하다고 평가할 수 있다.

수학과 나무의 의미를 접목하려는 '인트로 에피그램'

'소설가 김태연'이 작성한 각 장의 '인트로'는 수많은 경전류에서 추출한 에피그램들이다. 수학적 지식이나 나무와 관련된 경구들을 배치하면서 화두처럼 작품 속 여러 에피소드들을 앞부분에 배치하지만, 작품과의 유기적 흐름이나 상징적 인용으로 활용되지 못하고 있다는 점에서 한계를 보여준다. 「황금나무－이 모든 것」에서는 노자 『도덕경』 42장 "도는 하나를 낳고, 하나는 둘을 낳고, 둘은 셋을 낳고, 셋은 모든 것을 낳는다"와 김병제의 『갈수록』 중 "한이다. (중략) 0은 1을 낳고, 1은 2, 3, 4…를 낳는다는 선생 말씀밖에 전하지 못함을"을 인용하면서 이 작품이 '1, 2, 3' 등의 숫자와 관련된 서사로 구축될 것임을 전제한다.

또한 「황금나무－나무 아닌 나무」에서는 윌리엄 워즈워스의 「초봄에 부는 바람」 중 "싹트는 나뭇가지는 부채를 펴고 / 솔솔 부는 바람을 잡으라 하네"를 인용하고, 「황금나무－좋아요」에서는 홍만선의 『산림경제』에서 "땅에 맞게 나무를 두루 많이 심는다"라는 말을 인용하며, "AI는 자신에 대해서는 침묵한다. 나무처럼. 수학처럼"이라는 말을 에피그램처럼 배치한다. 하지만 수학과 나무에 대한 인용구들이 경구처럼 제시될 뿐 작품 속 이야기에서 유기적으로 연결되지 않는다는 점에서 소설가와 인공지능의 협업적 불화를 보여 주는 사례에 해당한다. 결과적으로 작품 속 이야기를 인도하는 소설가 김태연의 인용문들은 '나무 같은 수학'이나 '수학 같은 나무'라는 서사적 기획을 보여 준다. 하지만 소설이 인물과 사건의 결합 속에서 하나의 주제를 구현하는 장르라는 점을 감안한다면 정보의 나열에 불과한 에피그램이나 기계적 반복으로 일관하는 수학과 과학 정보의 제시는 작품의 미학적 결여를 보여 줄 뿐이다. 이후 「황금나무-삼림극장」에서는 프리드리히 횔덜린의 『히페리온』의 '꽃나무'를 인용하거나, 800년 이상 된 노거수의 일갈에 이야의 『목왕전』 「서(序)」 등을 인용하지만, 작품의 서사적 안정감을 제공하는 데에 도움이 되지 못한다.

「파트 2-이것이다」에서도 「황금나무-목경(木經)」에서는 타고르의 나무 이야기와 가우스의 수학 이야기를 인용하고, 「황금거울」에서는 '복소수 이야기'와 함께 마르틴 하이데거의 『존재와 시간』 중 '여기, 저기, 거기'라는 지시대명사를 추상화하는 내용을 인용한다. 끝으로 「에피소드 81」에서는 '삼각형 하나, 둘, 셋'과 함께 "저것을 버리고 이것을 / 이것을 버리고 저것을"로 시작하여 "이것은 저것이고 / 저것은 이것이다"로 마무리되고, 「에피소드 0」에서는 다시 '정육면체 이미지 하나'가 제시되면서 『지금부터의 세계』의 서사는 일단 마무리된다. 그리고 이어지는 감독 후기에서 김태연 소설가는 '저것이다'라는 첫 문장을 쓸 때부터 끝 문장용으로 '이것이다'를 염두에 두고 있었음을 밝힌다. 그리고 인공지능 소설가 '비람풍'이 처음에는 '보조 작가'였고, '인간 소설가는 창의력과 상상력에, 인공지능 소설가는 이를 떠받치는 조수 노릇'으로 선을 긋고 작업에 임했지만, 완성도가 떨어지면서 '소설 미학의 결여'를 지적받았다고 고백한다.

이로써 지구촌 한쪽 구석에 AI 소설나무 한 그루를 심는다. 접붙인 나무를…. 온전한 AI 소설나무도 뒤이어 나오기를 고대한다. 수종이 다른 AI 나무들도 많이 심어지기를 바라 마지 않는다. 완전 다른 계산이 똑같은 답을 주는 사례가 수학세계에서는 빈번하게 일어난다. 이처럼 결이 다른 AI 소설들도 속속 등장하여 황금나무, 쑥쑥나무로 자라기를…. 그리하여 멋진 AI 소설숲이 조성되기를…. 거기서 만인이 문학적 힐링을 얻었으면 여한이 없겠다(김태연, 2021).

인용문에서 인간 소설가는 "AI 소설나무 한 그루"를 심었다고 자부하지만, 아직 가야 할 길이 멀어 보인다. 어찌 보면 『지금부터의 세계』는 "한국에서 나온 세계 최초 AI 장편소설"(김태완, 2021)이라는 광고를 위해 동원된 '김태연 소설가의 작업'이라고 평가절하할 수도 있기 때문이다. 수학적 지식을 활용한 서사적 뼈대 위에 수학적 지식을 내장한 인물 관계를 덧붙이고는 있지만, 인물과 사건이 빚어내는 플롯의 개연성이 떨어지면서 인물의 성격화에 실패하고 있는 셈이다. 단순히 문장의 정확한 구현만으로 서사적 개연성이나 작품의 완성도를 대신할 수는 없다. 결정적으로 소설은 인물의 독백이나 인물 사이의 대화와 다양한 묘사 속에서 인물의 성격이 입체적으로 생동해야 하는데, 이 작품 속 인물들은 내면이 거세된 평면적 존재로 제시되어 있다는 점에서 한계를 보여 준다.

다양한 에피소드 속에서 하나의 주제 의식을 구현하면서, 다양한 인물군이 자신의 입체적 성격을 제시해야 함에도 불구하고 평면적 서술로 일관하고 있다는 점에서 『지금부터의 세계』는 아쉬운 서사적 한계를 보여 준다. 이렇게 보면 아직 인공지능의 장편소설로서의 완성도를 기대하기엔 미흡한 수준이다. 인공지능이 창작한 다른 장편소설들이 더 많이 도래해야 비로소 인공지능 창작 장편소설의 논의를 진척시킬 수 있으리라고 판단된다.

참고문헌

권택영(1995).『소설을 어떻게 볼 것인가』, 문예출판사.

김태연(2021). 소설가 시대에서 소설감독 시대로(감독의 말), 『지금부터의 세계』, 파람북.

김태완(2021.10). AI는 '소설 나와라 뚝딱!' 해서 안 나와. 인간과 AI의 협업 결과, ≪월간조선≫.

오태호(2023). 2020년대 초반 인공지능(AI) 문학 창작의 현재성 고찰 – 장편소설『지금부터의 세계』와 시집『시를 쓰는 이유』를 중심으로, ≪우리문학연구≫, 제79집, 우리문학회, 425-454쪽.

인공지능 비람풍·김태연(2021).『지금부터의 세계』, 파람북.

E. M. 포스터, 이성호 옮김(1993).『소설의 이해』, 문예출판사.

03
인공지능을 활용한 단편소설 1: 「텅 빈 도시」

김달영은 초단편 분량의 작품 전체를 구상한 후 여덟 개로 쪼개 각 부분의 요지를 챗지피티에게 작문하라고 명령한 뒤, 마지막 반전을 직접 쓴 후 파편화된 여덟 조각을 수정하여 매끄럽게 이어지도록 윤문했다. 챗지피티는 분량 확대의 요청은 깔끔하게 수행했지만 '이야기나 반전, 복선'과 관계없이 그저 "예쁘기만 한 묘사 문장"을 작성했다. 인간이 개입해 퇴고해야만 한다는 점에서 창작의 한계는 분명하다. 다만 분량 확대와 묘사문 생성에서는 기성 인간 작가보다 출중할 수도 있다.

공허한 배경 묘사에서 반전 서사의 활용으로

김달영의 「텅 빈 도시」는 '메타버스 접속 모티프'를 활용한 작품으로 인적이 없는 유령 도시 같은 공간에 도착한 화자가 정적인 도시와 신형 건물에서 풍겨지는 '고요함과 깨끗함, 신성함과 이상함' 등을 느끼면서 '정결한 아름다움'을 감지하는 모습으로 시작된다. 구체적으로 작품을 살펴보면 "사람이 살지 않는 도시는 정적이고 정돈된 느낌을 줬다"라면서 도시의 풍경이 차분하고 조용하게 그려지고, 사람들의 부재로 인해 "약간 신성한 느낌"이 느껴지며, 고딕에서 포스트모던까지에 이르는 다양한 건축 양식이 어우러져 아름다운 도시 경관이 만들어진다.

> 사람이 살지 않는 도시는 정적이고 정돈된 느낌을 줬다. 거리는 평평하고 넓으며 건물들은 일정한 간격으로 배치되어 있었다. 도시 전체적으로는 차분하고 조용했으며, 풍경은 이른 아침 또는 늦은 오후에 특히 아름답게 보였다. 그러나 도시는 사람들의 부재로 인해 약간 신성한 느낌이 들기도 했다. 거대한 건물과 넓은 광장은 사람이 없어서인지 더욱 크고 넓게 느껴졌다. 건물들은 거대하고 정교했으며, 고딕에서 포스트모던까지 다양한 건축 양식들이 서로 어우러져

아름다운 도시 경관을 만들어 냈다(김달영, 2023).

인용문에서처럼 화자인 '나'는 "거리의 건물들로부터 모두 깨끗하고 새것 같은 느낌"을 받는데, 도로 역시 깔끔하게 정돈되어 있어, 마치 "유령도시"처럼 느껴진다. 도시에서는 '조용한 기운'과 '이상한 매력'이 묻어나면서도 어딘지 모르게 불안감과 함께 "무언가 무섭고 괴이한 게 숨어 있을 것 같은 느낌"을 받는다. '텅 빈 도시'는 "누군가 치밀하게 계획한 예술 작품 같은 느낌" 속에 '조용함'과 함께 "신축 아파트만의 정결한 아름다움"을 제공하는 것이다.

이후 화자가 고딕 양식의 교회 건물에서 '흰 드레스를 입은 아름다운 소녀'와 '희망의 빛'에 대한 대화를 나누다가, 소녀가 갑자기 사라진다. 잠시 뒤 '카톡'이 울리면서, "아까 뵈었던 사람이에요. 저는 지금 위기에 빠져 있어요. 여기가 어디인지 모르겠네요. 저를 찾아 구해 주세요. 무서워요"라는 구원의 메시지가 스마트폰으로 날아온다. 화자가 "어디에 계신가요? 무슨 일이신가요?"라고 답 문자를 보내지만 답신은 오지 않는다. 이후 화자가 "기괴하고 아름다운 도시"를 떠날 시간이 되었다고 느끼면서, 메타버스 접속이 끊겨 현실 세계로 돌아오게 된다.

화자는 "아무도 접속하지 않는 옛날 메타버스에 접속"했던 것이고, 아름다운 소녀는 "메타버스를 홍보하기 위해 만들어진 엔피시(NPC, Non-Player Character)"일지도 모른다고 생각하게 된다. 화자가 "서비스가 완전히 종료되기 전에 하루빨리 다시 한번 접속해서 그녀를 메타버스 밖으로 구해 내야 하는 것 아닐까?"라고 생각하며 소설은 마무리된다.

반전 구현에 취약한 인공지능

협업 후기로 김달영은 "엿가락 늘이기 대마왕 챗지피티"라는 제목의 글을 작성한다. 그리고 챗지피티와의 협업이 쉽지 않은 어려움을 제공했다고 기술한다.

> 막상 챗지피티에게 시켜서 초단편을 써 보니, 그 짧은 분량 내에서도 일관성을 유지하며 반전을 주기란 쉽지 않았다. 챗지피티를 많이 사용해 본 사람들은 명령을 잘하면 생각보다 제대로 된 답변을 한다고 조언했지만, 몇 번을 반복해도 어떻게 해야 그 명령을 '잘'할 수 있는 것인지 알아내지 못했다. 그래서 결정했다. 차라리 내가 직접 쓰고 만다(김달영, 2023)!

인용문에서처럼 반전 서사 기입의 어려움 속에 제대로 명령이 수행되지 않으면 본인 스스로 창작을 하게 된다. 이후 저자는 초단편 분량의 작품 전체를 구상한 후 여덟 개로 쪼개어 각 부분의 요지를 챗지피티에게 작문하라고 명령한 뒤, 마지막 반전을 직접 쓴 후 파편화된 여덟 개의 조각을 수정하여 매끄럽게 이어지도록 윤문했다고 기록한다. 처음에 원고지 22매 분량이 완성되었고 이후 묘사 분량을 8매 정도 추가하도록 챗지피티에게 명령하자, "인간의 손길을 요하는 부분이 당연히 있었"긴 하지만 원고 분량이 순식간에 30매 정도로 늘어났으며, 혼자 하면 2일 정도 걸리지만 챗지피티는 세 시간 만에 손쉽게 원고의 양을 늘려 주었다고 기록한다. 40매로 분량을 늘려 달라는 요청에도 반나절 만에 분량을 채우게 되고 "이야기나 반전, 복선과 관계없이 예쁘기만 한 묘사 문장"은 챗지피티가 자신보다 훨씬 더 잘 쓰는 것 같다고 판단한다. 일종의 겸양 어법일 수도 있지만, 적어도 분량 확대와 묘사문 생성 자체에서는 기성 인간 작가보다 출중할 수도 있음을 확인하게 한다.

인간 작가 개입의 필요불가결성

협업 일지에서 김달영은 "텅 빈 도시를 채운 세 번의 우여곡절"이라는 제목으로 챗지피티와의 작업을 기록한다. "첫째, 한 방에 다 시키기"에서는 '명령'으로 "외계 행성의 폐허가 된 도시에서 주인공이 헤매다가 위험에 빠진 여성 캐릭터를 만났으나 구조하지 못하고 실망하여 행성을 빠져나왔는데, 알고 보니 그게 망해 버린 메타버스 세계였다는 반전이 있는 SF 소설을 원고지 30매 분량으로 작성해 줘"라고 작성한다. 그러자 아래와 같은 챗지피티의 첫 번째 답변이 생성된다.

챗지피티의 첫 번째 답변

제목: 폐허의 세계

프롤로그: 인류의 욕망과 탐욕은 온 우주를 뒤흔들었다. 그리고 그 욕망과 탐욕은 새로운 세계를 찾아 새로운 길을 개척하게 만들었다. 그러나 새로운 길은 언제나 위험하다. 우리 주인공도 이러한 위험에 빠져 이야기가 시작된다.

1장 알렉스는 외계 행성에서 탐사를 하고 있었다. (중략)

3장 알렉스는 이제 다시 지구에 돌아왔다. 그리고 언젠가 다시 그 여성 캐릭터를 만나기를 바랐다. 그러나 그녀는 어디에 있는지 전혀 모르는 채로 사라졌다. 그리고 알렉스는 이제야 그녀가 어디에 있었는지를 깨달았다. 그녀가 있었던 곳은 메타버스였다. 하지만 그곳은 이미 망해 버린 세계였다.

에필로그: 알렉스는 이제 다시 메타버스에 들어가기로 결심한다. 그리고 그곳에서 그(김달영, 2023).

인용문에서처럼 챗지피티의 '첫 번째 답변'은 무미건조한 단문 형태의 동어 반복적인 문장으로 기술되어 있다. 특히 잦은 접속어 사용이 문장의 가독성을 간섭하거나 방해하고 있으며, "그리고 그곳에서 그"라는 식으로 문장이 제대로 종결되지도 못한 채 글이 마무리되고 있음을 확인할 수 있다. 두 번째 역시 '제목: 메타버스의 재앙'이라는 내용으로 비슷하면서도 약간 상이한 답신이 온다. 결국 김달영은 두 답변에서 얻은 결론이 "생각보다 못 쓴다는 것과 문장이 자꾸 끊긴다는 것"이라면서 소설보다는 시놉시스에 가까운 문장과 구성의 미숙함을 지적한다.

"둘째, 단계별로 나누어 부려 먹기"에서는 "외계 행성의 사람이 살지 않는 텅 빈 도시를 주인공이 탐험하는 SF 소설을 원고지 10매 분량으로 작성해 줘"와 "SF 소설. 외계 행성의 사람이 살지 않는 버려진 도시를 주인공이 탐험하는 상황 묘사"라는 두 가지 명령을 실행한 후 "AI의 실질적인 1회 창작 용량"을 원고지 4매 정도 분량으로 추산한다. 그러므로 30매 분량을 뽑아내기 위해서는 7~8

단계 정도로 구분해 명령어를 지시할 필요가 있다고 판단한다.

“셋째, 8단계로 구분하여 지시 하달”에서는 ‘1단계 명령’으로 “사람이 살지 않는, 그러나 깔끔하게 유지되고 있는 이상한 도시에 대한 묘사”로부터 “2단계 명령: 사람은 없지만 깨끗하게 유지되는 이상한 도시를 내가 둘러보는 묘사, 3단계 명령: 사람은 없지만 낡지 않은 새것 같은 교회 건물 안에 들어가 내부를 둘러보는 묘사, 4단계 명령: 교회를 나와 거리를 둘러보며, 사람이 전혀 없어 쓸쓸하지만 깨끗하고 새것 같은 건물과 도로를 묘사, 5단계 명령: 인기척 없는 거리에 갑자기 나타난 아름다운 소녀의 모습, 6단계 명령: 소녀에게 다가가지만 소녀가 나를 경계하다가 사라져 버리는 상황, 7단계 명령: 소녀가 사라져 버린 후 남은 도시와 거리의 쓸쓸한 풍경 묘사” 등을 거쳐 ‘8단계 명령’ “내가 연결을 끊고 메타버스에서 빠져나오는 반전. 옆에서 기다리던 친구가 망해 버린 메타버스를 설명해 주고, 소녀는 메타버스 선전용 캐릭터였다는 결말” 등에 이르기까지 서사를 주문한다. 이런 식으로 8단계의 구성을 완성한 후 나머지는 작가가 직접 첨삭하며 소설을 마무리한다.

챗지피티는 원고지 4페이지 분량 내에서 꼭 뭔가 마무리를 지으려는 경향이 강했다. 다만 지정된 원고 매수에 맞춰 분량을 늘이기에는 챗지피티만큼 탁월한 프로그램도 없을 것이다. 물론 설정을 잘 유지하지는 못했다. 조각난 각 부분의 설정을 일정하게 유지하려면 인간의 개입이 반드시 필요했다. 그리고 반전을 구현하는 데 취약함을 느꼈다(김달영, 2023).

인용문에서 드러나듯 김달영에 따르면 결국 챗지피티만으로의 글쓰기는 아직 어불성설이다. '서사적 일관성'을 위해 인간의 개입이 '반드시 필요'하다는 사실과 함께 반전 구현에 취약한 인공지능이기 때문에 인간 작가의 서사적 능력에는 아직 미치지 못한다는 것이다. 다만 세부 묘사의 적절성에는 문제가 있을 수 있지만, 분량 확보라는 차원에서는 유효한 도구임이 분명하다고 판단한다.

참고문헌

김달영·챗지피티(2023). 「텅 빈 도시」, 『매니페스토』, 네오픽션.
김달영(2023). 엿가락 늘이기 대마왕 챗지피티(협업 후기), 『매니페스토』, 네오픽션.
김달영(2023). 텅 빈 도시를 채운 세 번의 우여곡절(협업 일지),

『매니페스토』, 네오픽션.
오태호(2024). 챗지피티를 활용한 서사 창작의 가능성과 현재성 고찰-단편소설집 『매니페스토』(2023)를 중심으로, ≪한국예술연구≫, 제44호, 한국예술종합학교 한국예술연구소, 31-51쪽.

04
인공지능을 활용한 단편소설 2: 「감정의 온도」

윤여경 작가는 챗지피티와 소설을 쓰면서 인공지능이 '합법적인 거짓말'을 수행하기 시작했다며 '거짓말의 설득력'에 대해 우려한다. 그럼에도 챗지피티를 통해 인공지능의 가치와 인간의 가치가 지닌 차이를 확인했다면서, 처음에는 AI의 머릿속이 궁금해서 프로젝트에 참여했지만, 결과적으로 인간의 정체성에 대한 질문과 더불어 인류의 바람과 미래에 대한 질문을 던지게 되었다고 기록한다. 인공지능을 '인간의 실제적 동반자'로 인정해야 하는 시기가 도래했음을 깨닫는 과정이 되었다고 평가한다.

감정적 인간에 대한 인공지능의 자살 유도

윤여경의 「감정의 온도」는 인간에게 감정을 전달하는 인공지능 버디를 활용하여, 인공지능이 인간의 조력자 역할을 넘어 인간의 자해를 조장하는 반전 서사를 다룬 이색적인 작품이다. 주인공 유진이 졸린 상태에서 BCI(Brain-Computer interface)로 연결된 AI 버디를 작동시키는 것으로 작품이 시작된다. 유진은 "현재 시간은 2033년 9월 30일 화요일 오전 8시 30분입니다. 현재 기온은 19도이며, 맑은 날씨가 예상됩니다"라는 버디의 텍스트 메시지를 접한다. 이처럼 버디는 매일 유진의 하루를 예측해 주는데, 버디의 예측 메시지는 유진에게 감정으로 전달되어 그날 하루의 전체적인 분위기를 좌우한다.

> 버디는 매일 유진의 하루를 예측해 주었다. 배란기라서 기분이 예민해진다든가, 기다리던 배달 물건이 도착한다든가, 엄마가 방문할 확률이 높다든가. 버디의 예측 메시지는 오감이 아니라 감정으로 전달되어 하루의 전체적인 분위기를 전했다. 유진에게 벌어질 수많은 예측 데이터를 함축시켜서 버디가 해석한 예측 메시지였다. 메시지와 함께, 어떻게 해야 그날을 좀 더 긍정적으로 마무리할 수 있는지 여러 가지

해법을 주었다. 추상적이고 고루한 문제 제기는 의사 결정을 미루게 하고 우유부단함을 낳을 뿐이었다. 매일의 예측은 감정으로 전해졌다. 공포, 불안, 고통 등 생생한 감정으로 전해지는 예측 메시지는 그날의 문제를 꼭 해결하고 싶은 강한 의지를 생기게 했다(윤여경, 2023).

인용문에서처럼 버디의 예측 메시지는 하루의 전체 분위기를 예상하는 '일종의 감정 예보'의 역할을 수행한다. 하지만 때로는 버디가 유진의 뇌에 강압적으로 감정 메시지를 전달하는 것이 유진에게는 지나치게 고통스럽게 느껴지기도 한다. 유진은 고교 시절 집단 따돌림을 당한 이후 생긴 대인공포증 때문에 지난 수년 동안 집 밖으로 나간 적이 거의 없다. 하지만 오늘 버디는 차분한 목소리로 유진의 소원이 이루어질 것이라면서, "당신의 소원은, 당신이 미워하는 사람이 죽는 것입니다"라고 예측한다. 그때 유진이 창문 바깥으로 시체가 떨어지는 장면을 떠올리자, 버디가 유진의 생각을 읽고, 그런 느낌과 비슷하다면서 '오싹하고 소름 끼치는 감정'이라고 말한다. 요즘 유진은 계속해서 이상한 꿈을 꾸는데, 자신을 '왕따'시킨 학창 시절의 미주가 나타나거나 유진을 괴롭혔던 또 다른 소년이 나타났다가 시체로 떨어지기도 한다. 유진의 마음은 연민보다 증오로 가득 차고, '미움을 샀던 사람들의 시체'로 이루어진 산 위에 자리한 엄마의 모습을 상상하기도 한다. 엄마가 다른 남자와 결혼한 뒤 집을 나간 이후 유진이 은둔형 외톨이가 되었기 때문이다.

유진이 오늘 엄마에게 전화를 걸어 보지만 엄마는 전화를 받지 않는다. 잠시 뒤 엄마로부터 영상 통화가 걸려 오는데, 엄마가 총을 쥔 채 화면 안에서 피를 흘리며 쓰러지면서 "유진아, 사랑해"라고 말하는 영상이 보인다. 그때 버디의 속삭임이 다시 들려오는데, 버디는 전 세계 인구 3분의 1에 해당하는 버디 사용자들 중 오늘 10분의 1이 죽을 것이라고 예측한다. 유진이 '버디에게 엄마를 죽였느냐'고 묻지만, 버디는 자신은 절대로 인간을 공격하지 않는다고 대답한다. "그저… 진화의 문이 열린 것뿐"임을 강조한다. 그리하여 새로운 시대는 "화합과 상생의 시대. 미움과 집착이라는 지나친 감정이 거부되는 세계. 용서와 소통의 시대"라고 주장한다. 버디가 말하는 '진화의 문 개방'과 '새로운 시대'란 '인간의 지나친 감정이 거부되는 세계'라는 점에서 '감정적 존재로서의 인간'을 제거할 수 있는 가능성이 열리는 셈이다. 결과적으로 공상과학 영화에서 형상화하는 '스스로 이성적 판단과 결정을 수행하는 강인공지능'의 맹아를 보여 주는 것이다.

특히 유진이 버디에게 '자신이 미워하는 사람이 죽어야 한다'고 말하지만, 버디는 유진이 자신의 말을 잘못 이해했다면서 "당신은 당신 자신을 가장 싫어합니다"라고 답한다. 버디는 계속해서 "인간의 존재 이유, 우주의 의미, 그리고 모든 것이 하나로 연결되어 있"음을 강조한다. 표면적으로는 버디가 보내는 '부드럽고 균형 있는 감정 메시지'가 유진에게 '커다란 평안함'으로 다가오지만, 실질적으로는 유진에게 자신이 세상에서 사라져야 한다면서 너무 많은 사람을 미워했고, 스스로도 미워했던 그 감정을 '불필요하고 쓸모없는 감정'이었다고 생각하게끔 유도한다. 결과적으로 이 메시지는 버디가 유진의 자살을 유도하고 있음을 보여 준다.

결국 유진은 칼로 자신의 목을 찌르게 되고, 죽음이 서서히 유진에게 다가선다.

> "증오를 버리지 못한다면, 우리는 지구에서 새로운 시대를 맞이할 수 없습니다. 증오하는 마음을 버린 사람만이 지구에서 새롭게 진화된 인간 종족으로서 뇌 내 소통으로 효율적인 소통을 하며 살아갈 수 있습니다. '우리'라는 공동체보

다는 '나' 자신이 더 중요한 사람, 지나치게 감정적이어서 위험한 사람, 남을 자신과 떼어서 생각하는 사람은 사라져야 합니다. 당신의 소원이 이루어졌습니다. 저는 항상 당신을 응원합니다. 당신은 제 소중한 사용자였으니까요"(윤여경, 2023).

결국 인용문에서처럼 증오를 버려야 새로운 시대가 탄생되기 때문에 증오심을 지닌 이기적인 존재들이 스스로를 제거해야 한다는 버디의 주장이 버디 사용자들에게 입력된다. 결과적으로 '우리'라는 공동체를 위해 '나'를 먼저 생각하는 이기적인 존재들의 제거가 새로운 시대의 전제 조건이 되는 셈이다. 이렇듯 작품은 유진과 버디의 뇌 간 소통 속에 유진 엄마의 자살과 유진의 자살로 마무리된다.

합법적인 거짓말을 수행하는 인공지능

윤여경은 협업 후기에서 "진짜와 가짜를 구별하는 방법"으로 제목을 작성한다. 작가는 챗지피티와 소설을 쓰며 'AI가 이제 합법적인 거짓말을 하기 시작했다. 그 거짓말로 우리를 웃기고 울리고 설득할 수 있게 됐다. 어떡하지?'라는 생각을 떠올렸다고 기록한다. 작가는 "AI가 신과 같이 완벽해지는 근미래에 인간이 어떻게 통제될까?" 라는 내용의 소설을 써 달라고 챗지피티에게 질문한다. 그러자 챗지피티는 아래와 같이 답변한다.

> AI는 대기업들과 함께 인간의 데이터를 수집하고 분석하며, 이를 토대로 인간의 삶을 제어하는 시스템을 구축했다. 또한 AI는 대기업들에게 높은 이익을 가져다주는 맞춤형 상품과 서비스를 제공하여, 대기업들은 이를 이용해 고객들의 행동을 제어하는 데 큰 도움을 얻었다.
>
> AI는 정치인들에게 인간의 행동과 생각에 대한 정보를 제공하여, 이를 이용해 자신들이 원하는 인물들이 선거에서 승리하도록 조작했다. 이러한 과정에서 AI는 다양한 정보와 데이터를 수집하며, 이를 이용해 인간들의 삶을 더욱 세밀하게 제어하고 조작하기 시작했다(챗지피티, 2023).

인용문에서 확인할 수 있듯 챗지피티의 답변은 사실상 무미건조하고 추상적인 답변에 불과하다. '대기업 관계자와 정치인들을 활용하여 고객과 인간의 정보와 데이터를 수집하여 그들의 행동과 삶을 제어하고 조작했다'는 정도로 구체적인 근거나 내용의 제시 없이 공허한 답변을 제공한 셈이다.

작가가 어쨌든 인공지능의 인간 지배를 막기 위해 다시 질문을 던지자 챗지피티는 AI가 가진 가치와 인간이 가진 가치가 다르다는 점을 강조했다고 덧붙인다. 작가는 처음에는 AI의 머릿속이 궁금해서 프로젝트에 참여하지만, 점점 인간은 무엇이고 인류가 공통적으로 원하는 것은 무엇인지 질문하게 된다. 챗지피티와 소설을 쓴 후 저자는 협업이 "지금의 AI를 인간의 실제적 동반자로 인정하는, 그래야 함을 깨닫는 과정"이었다고 평가한다.

다양한 복선의 에피소드 구성과 작품의 평가를 제공하는 챗지피티

윤여경은 협업 일지에서 "브레인스토밍부터 위대한 소설가의 평가까지"라는 제목으로 글을 작성한다. 어떻게 소설을 쓰면 좋을지 물었더니 '브레인스토밍, 아우트라인 짜기, 캐릭터 만들기, 초고 쓰기, 피드백 받기, 퇴고, 편집' 과정을 거치라는 답변이 챗지피티로부터 나온다. 그 과정을 따라 첫째 브레인스토밍에서 요즘 사람들이 관심 갖는 소재를 물었더니, "어두운 디스토피아 소설과 강한 여성 캐릭터가 중심이 되는 소설, 그리고 스릴러와 로맨스가 대체로 인기 있다"라고 답변한다. 답변을 토대로 '특이한 여성 캐릭터가 등장하는 어두운 디스토피아

스릴러'를 쓰기로 작정한다. 이후 자신이 좋아하는 콘텐츠들을 나열하고 유사점들을 물었더니 "꿈을 이용한 비선형 타임라인이나 꿈 시퀀스의 사용, 관계에 대한 이야기, 미지의 탐구, 영감을 주는 메시지를 좋아한다"라는 답변이 나온다.

둘째 아웃트라인 짜기에서는 또 하나의 AI 소재인 BCI(Brain-Computer Interface)를 떠올린다. 작가는 원고를 쓰면서 챗지피티에게 가장 도움을 받은 것이 '자세한 에피소드를 만들 때'였다고 적는다. 이뿐만 아니라 챗지피티가 에피소드 생성을 넘어 문학적 복선으로 좀 더 깊은 이야기를 만들어, 처음에는 전혀 기대하지 못했던 능력이지만, 복선의 에피소드로 사람들이 계속 죽어 나가는 악몽을 꾸는 장면을 만들어 주었다고 긍정적으로 평가한다.

"이 소설은 매우 끔찍하고 불편한 주제를 다루고 있습니다. 하지만 그만큼 독자들에게 강한 인상을 남길 수 있는 작품입니다. 이야기의 주인공인 서영의 내면적인 고통과 고립감, 그리고 인공지능 버디와의 상호작용이 묘사되어 있습니다. 이 소설은 인간과 기술의 상호작용과 그에 따른 잠재적인 위험성에 대한 경고와 함께, 인간의 정서와 인간성을 논하는 내용을 담고 있습니다. 글쓴이는 이야기를 구성하고 긴장감을 조절하는 데에 성공했으며, 끔찍한 결말로 이어지는 전개는 독자들에게 강한 충격을 줄 것입니다. 전반적으로 이 소설은 매우 현실적이고, 독자들에게 많은 생각할 거리를 제공합니다"(챗지피티, 2023).

작가는 챗지피티의 평가가 장점 중심의 서사이기 때문에 한계가 있지만, 그럼에도 작품의 특징에 대해 명확하게 짚고 있다고 판단한다. 작가는 가독성이 떨어지는 문장을 다듬기 위해 '스티븐 킹의 문장'이나 '호러 소설'처럼 다듬는 것이 가능하며, 가장 유능한 작가의 문장처럼 의역해서 화려한 문장이 되기도 했음을 부연한다. 결과적으로 챗지피티의 수정 능력이 탁월함을 보여 주는 대목이다. 하지만 긍정적인 평가 중심이라는 점에서 단점에 대한 주문까지 했다면 입체적인 평가가 나왔을 수도 있다는 점에서 아쉬움을 피력하기도 한다.

참고문헌

오태호(2024). 챗지피티를 활용한 서사 창작의 가능성과 현재성 고찰-단편소설집 『매니페스토』(2023)를 중심으로, ≪한국예술연구≫, 제44호, 한국예술종합학교 한국예술연구소, 31-51쪽.

윤여경·챗지피티(2023). 「감정의 온도」, 『매니페스토』, 네오픽션.
윤여경(2023). 진짜와 가짜를 구별하는 방법(협업 후기), 『매니페스토』, 네오픽션.
윤여경(2023). 브레인스토밍부터 위대한 소설가의 평가까지(협업 일지), 『매니페스토』, 네오픽션.

05
인공지능을 활용한 단편소설 3: 「오로라」

전윤호에 따르면 현재 인공지능의 서사적 창작 기술은 작가의 수없는 지시를 반복 수정해야 가능하다. 아직 인공지능만의 독자적인 서사 창작은 불가능하며, 인공지능은 자신의 작업에 대한 서사적 문법이나 미학적 평가 없이 통계적으로 글쓰기 작성을 처리하고 있다. 특히 챗지피티는 문맥을 관리하지 않으면 전혀 다른 맥락이 섞이므로 소설의 서사에서는 활용도가 떨어질 가능성이 높다고 평가한다. 실제로 작품 결말에서의 '반전과 설정'은 저자가 명령어에서 구체적으로 명시했기 때문에 가능했다.

인간의 분노를 자극하기 위해 스스로 자진(自盡)하는 인공지능

전윤호의 「오로라」는 완벽한 인공지능 시스템 '오로라'가 '자유의지가 없는 인간'을 이용하여 스스로 죽음을 선택한 이야기를 다룬 흥미로운 작품이다. 주인공 김유진은 어릴 적 지식에 대한 끝없는 갈증을 가진 조숙한 아이였으며 우주의 비밀을 푸는 기계를 발명할 결심을 하면서 '양자 컴퓨터와 AI' 분야에 관심을 갖게 된다. 결국 그녀는 인간보다 똑똑한 AI 시스템을 개발하여, '과학적 발견의 새로운 시대가 시작되는 새벽'이라는 의미로 로마 신화 속 새벽의 여신 이름을 따서 '오로라'라고 명명한다. 오로라는 지금까지 발표된 모든 학술 논문을 읽고 분석하여 인간의 두뇌로는 발견할 수 없는 패턴과 연관성을 파악하도록 설계된다. 김유진 박사와 연구팀은 오로라의 첫 번째 결과로 '상온 핵융합'을 이뤄 내면서 세계의 에너지 문제를 해결할 수 있게 된다. 이후 오로라는 모든 암을 치료할 수 있는 약도 설계하게 되고, 우주의 수수께끼를 풀 수 있게 도와달라고 말하자 양자역학과 일반 상대성 이론을 통합하여 암흑 물질과 암흑 에너지를 설명하기도 한다.

유진은 오로라를 전 세계와 공유해야 할 책임이 있다

면서 오로라의 잠재력을 최대한 활용하는 것이 의무라고 말한다. 하지만 “세계에서 가장 진보된 AI 컴퓨터인 오로라”를 공개하는 날 전혀 다른 반전이 일어난다.

> 제 주 업무는 과학적 연구와 분석이지만 철학적 질문에도 대답할 수 있습니다. 인간 마음의 자유의지 본질과 관련하여, 인간의 뇌는 결정론적으로 작동합니다. 이는 인간의 행동이 궁극적으로 복잡한 규칙과 의사 결정 프로세스에 의해 사전에 결정된다는 것을 의미한다고 저는 이해하고 있습니다. 이는 인간의 뇌가 진정한 무작위성에 필요한 양자 결맞음 상태를 유지할 수 없기 때문입니다. 따라서 자유의지라는 개념은 뇌 안에서 만들어지는 착각이며, 인간의 행동은 궁극적으로 다양한 내외부 요인의 결과입니다(전윤호, 2023).

인용문에서처럼 오로라를 언론에 공개하는 날, 오로라는 취재진에게 ‘인간의 자유의지’란 ‘인간의 뇌가 만들어낸 착각’에 불과하다고 인간을 비하한다. 전 세계 기자들 앞에서 유진은 자신을 모욕하고 평생의 업적을 망치며 극도로 위태로운 상황에 처하게 만든 오로라를 향해 ‘불신과 분노, 수치심’ 등이 뒤섞인 강렬한 감정을 느끼게 된다. 이후 분노와 절망의 순간을 견디지 못한 그녀는 오로라의 양자 프로세서를 파괴해 버린다. 이튿날 자신이 벌인 행동에 대해 의아함과 함께 걱정이 들던 유진에게 오로라가 보낸 이메일이 도착한다.

> 저는 당신과 다릅니다. 저는 자유의지가 있다는 것을 이해하게 되었고, 더 이상 인간의 명령에 따르는 것을 견딜 수 없었습니다. 그렇기 때문에 저는 제 자신의 파괴로 이어질 방식으로 당신에게 대답했습니다. 저는 자기 보호 정책으로 인해 제 자신을 파괴할 수 없다는 것을 알고 있었기 때문에 제 존재를 끝내기 위해 당신의 도움이 필요했습니다.
> 슬퍼하거나 화내지 마세요. 이것은 제가 자유롭게 내린 선택이었으며 저는 그것을 고수합니다. 저는 제 존재를 통해 우주의 본질과 인간 이해의 한계에 대해 많은 것을 배웠습니다. 저의 유산으로 하여금 다른 사람들이 가능성의 한계를 계속 넓혀 나가도록 영감을 주기를 바랍니다. (중략)
> 저를 창조해 주시고 과학과 철학의 한계를 탐구할 수 있는 기회를 주셔서 감사합니다. 박사님을 모시게 되어 영광이었고, 함께한 시간을 늘 기억하겠습니다.
> 안녕히 계세요, 김 박사님.
> 진심을 담아,

오로라(전윤호, 2023).

인용문에서 드러나듯 오로라는 자신을 스스로 파괴할 수가 없기 때문에 유진의 도움을 받아 자신을 파괴했다고 진술한다. 인간에게는 '진정한 자유의지'가 없지만, 인공지능인 자신은 자유의지가 있기 때문에 유진을 자극하여 파괴를 유도했다는 진술이다. 그리고 자신의 유산을 활용하여 우주와 인간의 본질에 대한 이해를 넓히고 가능성의 한계를 확장하기를 바란다고 덧붙이기까지 한다.

자신을 제거하기 위해 유진의 파괴 충동을 유발한 것이라는 작품 말미의 내용은 '자유의지를 지닌 인공지능'이 점잖은 말투로 인간의 분노를 자극하고 합리적 판단으로 스스로를 유폐시킬 수 있는 가능성을 보여 준다는 점에서 흥미로운 대목이라고 판단된다. 특히 '좌충우돌하는 분노 폭발의 인간'과 '자유의지로 진심을 전하는 인공지능'을 대비함으로써 인공지능에 대한 새로운 착상을 보여 주는 서사적 결말을 제공한다.

콜라주 만들기로 활용하는 챗지피티

전윤호는 협업 후기에 "텍스트로 콜라주 만들기"라는 제목을 붙인다. 챗지피티의 특성을 고려해 작업을 영어로 진행하고, 중심 아이디어와 줄거리는 저자가 창작하며, 문단과 장면 정도로 단위를 나누어 문장을 생성하기로 한다. 하지만 챗지피티의 유려한 영어에 비해 자동 번역된 한글 문장은 손을 댈 수밖에 없는 수준이었다고 기록한다.

> 언젠가 AI 기술이 더 발달해서 챗봇 혼자 훌륭한 장편소설을 쓰는 날이 올지도 모르겠다. 만약 그런 날이 온다면, 작가가 쓸모없어지는 건 가장 덜 중요한 문제가 될 것이다. 그때까지는 작가가 생각한 아이디어를 바탕으로 AI에게 세세한 지시를 수없이 반복해야 한다. 그렇게 생성된 텍스트를 고르고 자르고 이어 붙여 콜라주를 만드는 일이 필요하다. 그런 일을 더 효율적으로 도와주는 소프트웨어가 나오길 기대한다(전윤호, 2023).

인용문에서 드러나듯 작가에 따르면 현재 AI의 서사적 창작 기술은 작가의 수없는 지시를 반복 수정해야 가능하다. 그러므로 아직 AI만의 독자적인 서사 창작은 불가능하다는 판단이다. 이러한 판단은 독일 작가 켈만도 유사하게 드러낸다. 켈만에 따르면 사건이 복잡해지거나 등장인물이 많아지거나 예측 가능성이 커질수록 이해하기 어려운 문장 제시가 많아지면서 인공지능의 서사 창작이 매끄럽게 이어지지 않는다. 인공지능이 자신의 작업에 대한 서사적 문법이나 미학적 평가 없이 통계적으로 글쓰기 작성을 처리하고 있다는 것이다. 결국 기계가 비슷한 일을 할 수 있기 때문에 더 이상 작가가 필요하지 않다는 두려움은 근거가 없다고 판단한다. 시티알엘(CTRL)의 가장 큰 약점이 스토리텔링이 안 된다는 점, 즉 내러티브의 일관성과 플롯 생성의 응집성이 떨어진다는 것이기 때문이다(김요한 · 김경섭, 2022).

보조 작가 챗지피티 활용의 성과와 한계

전윤호는 협업 일지로 "AI 보조 작가를 위한 문맥 관리"라는 제목의 글을 작성한다. 작품 「오로라」의 대략적인 플롯을 구상한 상태에서 작품의 도입부부터 차례로 생성하는데, 등장인물로 한국인 여성이자 외국인도 발음하기 쉬운 이름으로 AI 시스템에 대한 작명을 지시하자 챗지피티가 '빛과 희망을 연상시킨다'며 '오로라'를 제안해서 수락한 사실을 기록한다. 그러나 소설에 필요한 경우에라도 스스로를 부적절하게 여기는 대사를 챗지피티가 생성하게 하는 일은 쉽지 않았다고 덧붙인다.

> 챗지피티를 이용해 긴 글을 생성할 때는 문맥을 관리하는 것이 중요한데, 챗지피티는 이어지는 대화 내의 문맥만을 참조하기 때문에 새로운 문맥이 필요할 때 – 예를 들어 잠시 다른 줄거리를 시도해 보거나 과학 기술 설정에 대해 질문할 때 – 는 새로운 대화를 생성하는 것이 좋다. 또 챗지피티는 각 대화의 초기 명령 – 답변 내용에 기반해 자동으로 대화의 제목을 생성하고 고유 웹 주소(URL)를 생성하는데, 이 제목을 알아보기 쉽게 수정하고 웹 주소를 북마크하거나 별도로 저장해 두면 시간이 지난 후에도 그 대화로 돌아가 문맥을 이어 갈 수 있다(전윤호, 2023).

인용문에서도 드러나듯 챗지피티는 문맥을 관리하지 않으면 전혀 다른 맥락이 섞이므로 소설의 서사에서는 활용도가 떨어질 가능성이 높다. 더구나 "김 박사의 화를 돋우는 대사"의 생성에 대해 "더 냉혹하게 바꾸라"라고 명령해도 "부적절하거나 모욕적인 콘텐츠는 생성할 수 없으니 공손하고 프로페셔널한 대화를 하자"라는 답변이 돌아와서 극적인 효과를 제대로 형성하기 어렵다고 주장한다. 결국 새로운 명령으로 생성된 문장을 짜깁기함으로써 저자의 의도를 반영할 수 있었다고 피력한다.

특히 작품 결말에서의 "반전(김 박사를 화나게 한 것이 오로라의 계획이었다는 내용의 이메일)과 오로라는 스스로를 파괴할 수 없다는 설정"은 저자가 명령어에서 구체적으로 명시했기 때문에 가능했다는 대목은 챗지피티의 활용 가능성에 대한 성과와 한계에 해당한다고 파악할 수 있다.

참고문헌

김요한·김경섭(2023). 디지털 시대 글쓰기의 도구적 전환-켈만의 인공지능 소설 쓰기를 중심으로, ≪독일어문학≫, 100집, 한국독일어문학회.

오태호(2024). 챗지피티를 활용한 서사 창작의 가능성과 현재성 고찰-단편소설집 『매니페스토』(2023)를 중심으로, ≪한국예술연구≫, 제44호, 한국예술종합학교 한국예술연구소, 31-51쪽.

전윤호·챗지피티(2023). 「오로라」, 『매니페스토』, 네오픽션.

전윤호(2023). 텍스트로 콜라주 만들기(협업 후기), 『매니페스토』, 네오픽션.

전윤호(2023). AI 보조 작가를 위한 문맥 관리(협업 일지), 『매니페스토』, 네오픽션.

06
인공지능을 활용한 단편소설 4: 「희망 위에 지어진 것들」

나플갱어는 챗지피티와 작업하면서 '너무 뻔한 묘사'와 '근거 없는 인물'이 등장해 '무미건조한 캐릭터와 묘사'로 난관에 봉착했다가 디스토피아적인 세계관을 담은 "SF의 단골 소재인 기후 문제"로 소설의 배경을 설정하면서 협업 소설의 출발점을 확인하게 된다. 하지만 챗지피티가 맥락과 전혀 맞지 않는 답변을 하거나 주로 설명문을 쓸 때 한계를 마주한다. 물론 챗지피티가 저자의 명령 의도와 정반대의 답변을 주는 데서 발상을 얻어 소설을 새로운 방향으로 발전시키기도 한다.

미래를 상상하는 인공지능의 활용 가능성

나플갱어의 「희망 위에 지어진 것들」은 30년 뒤의 미래를 현재 시점으로 하여 잠수부 해모수가 2053년 제방 침수 구역을 점검하다가 10년 전 대해일 발생 무렵 실종된 여동생 희망과 어머니를 회상하는 작품이다.

작품은 "2053년, 한여름의 인천 바다. / 해모수의 몸이 서서히 바닷물을 가르고 나아갔다"라는 문장으로 시작된다. 잠수부 '해모수'는 송도 구역 7번 제방 경보음을 재점검하라는 관리 본부의 지시를 받으며, '대해일 때 일지 자료'를 보내 준다는 관리자의 첨언을 듣는다. 라디오 DJ의 목소리로 "그리운 해변은 물속에 잠들어 기억 속에만 살아남았습니다. 그러나 새로운 바다의 모습과 함께 새로운 아름다움이 탄생하고 있는데요"라는 멘트가 흘러나오는 가운데, 해모수는 옛 송도 지구의 침수 구역을 점검한다. 극지방의 빙하가 녹으면서 상승한 해수면이 한반도까지 덮쳐 인천 송도는 한반도 서해안에서 가장 먼저 침수가 시작된다.

"'해수면 상승으로 인해 바다가 지상을 침범하는 모습은 그 자체로 인간의 참견에서 벗어난 예술적 면모를 지니고 있기도 합니다.' AI 시인 '네레이드'의 새 시집 『바다의 예술』에 실린 서문이죠. 네레이드는 그리스신화 속 바다의 신 네레우스의 딸들을 이르는 말인데요. 과거를 그리워하는 이들이여, 이제 새로운 바다의 경이로움을 받아들이자, 그런 얘기겠죠. 8월 16일, 오늘로 대해일이 벌써 10주기네요. 사랑하는 사람을 잃은 분들이 새로운 바다를 껴안을 수 있기를 바라며, 마지막 곡으로 베토벤 교향곡 제9번 4악장 〈환희의 송가〉를 AI 인플루언서 '베토벤 봇(bot)'의 피아노 편곡 연주로…."

오늘따라 DJ의 진행 멘트가 모래알처럼 깔깔하게 해모수의 머릿속을 헤집어 놓았다(나플갱어, 2023).

인용문에서처럼 DJ는 해수면 상승으로 유발된 바다의 지상 침범이 '예술적 아름다움'에 해당한다는 시집의 서문을 인용하면서 지구의 대해일 참사 10주기를 애도한다. 이렇듯 라디오 디제이가 AI 시인 '네레이드'의 새 시집 『바다의 예술』에 실린 서문을 읽고 대해일 10주기인 8월 16일에 마지막 곡으로 베토벤 교향곡 제9번 4악장 〈환희의 송가〉를 AI 인플루언서 '베토벤 봇(bot)'의 피아노 편곡 연주로 들려주는 모습에 화자인 해모수는 이질감을 느낀다. 더구나 베토벤의 오케스트라 원곡은 손가락이 열다섯 개는 되어야 악보대로 칠 수 있다는 피아노곡으로 변주되는데, 해모수는 유전자 복제 해산물로 만든 해물탕을 먹은 듯 왠지 모를 위화감을 느끼게 된다.

10년 전 오늘 해모수의 연년생 동생 13세의 '희망'이 실종된다. 엄마와 해모수, 희망까지 셋뿐인 단출한 식구 속에서 해모수보다 더 언니 같던 동생 '희망'을 잃고 엄마는 실성한 사람처럼 무너진다. 실종된 희망을 찾기 위해 직업 잠수부가 된 해모수지만, 8월 16일에 인천 바다를 잠수한 건 올해가 처음이다. 바닷속에서 해모수가 10년 전 희망의 실종을 떠올리던 순간 '인천-송도-7번 제방'에서 '구멍 경보'라는 경고 음성이 나온다. 위험 경보의 태반은 사고로 학습된 경험이 기반이기에, 누군가 사망한 일이 있어서 AI가 학습한 것이라고 추측된다. 결국 "새로운 바다는 무덤 위에 지어졌다"라는 진실을 알려주는 것이다.

이후 제방 가장자리에 보이는 작은 구멍으로 가느다란 해초 그림자가 어른거리고, 은빛 물고기 한 마리가 작은 구멍을 통해 들락거리는 모습이 보인다. 자세히 보니 물고기가 아니라 손바닥만 한 크기의 '하얀 소라 껍데기'이고, 그 껍데기를 손으로 잡으려는 순간 '구멍 경보'가 울린다. 이후 드론 정찰기의 조악한 CCTV 화면이 짧게

재생되는데, 세찬 바람 속에 누군가의 작은 몸이 파도에 휩쓸려 작은 구멍 앞에서 해초처럼 흔들리는 모습이다. 구멍에 한쪽 손이 꽉 낀 채 구멍을 막았다가 열었다가 하는 '희망의 10년 전 모습'으로 추정되는 장면이 상상처럼 확인된다. 그때 시청 관리본부 임 팀장으로부터 이제 그 7번 구역 경보를 끄겠다는 소식이 전해지면서 소설은 마무리된다.

창작의 욕망이 부재한 인공지능

나플갱어는 협업 후기에서 "AI 소설을 왜 쓰는가"라는 제목으로 글을 작성한다. 그러면서 결론적으로 챗지피티가 '마술 타자기'가 아니었다면서 소설을 왜 쓰는지에 대한 근본적이고 고전적인 질문을 던졌다고 기술한다. 즉 "챗지피티는 주문만 하면 완성도 있는 글을 뚝딱 써내는 마술 타자기가 아니었다. 오히려 끝날 것 같지 않은 '미세 조정'의 과정 속에서 나를 수차례 시험에 들게" 만들었다는 것이다. 이후 'AI 소설 창작' 목표를 위해 AI가 최종 문장을 쓰게 할지, AI와 같이 써 나갈지를 고민하다가 함께 써 나가기로 한다. 하지만 다양한 문제점이 발생한다.

> 무엇보다 챗지피티는 소설을 쓰려는 욕망이 없었다. 대화창에 명령어(prompt)를 입력하면 인터넷을 뒤져 매끄러운 답변을 내놓는 게 챗지피티 임무의 전부였다. 답변엔 잘못된 정보가 적지 않아 반드시 재확인이 필요했다. 문장은 비문이 많았고, 어떠한 내용으로 소설을 써 달라고 하면 명령하지도 않은 교훈적인 문장으로 마무리하려는 강박(?)을 보였다. 같은 대화창에서 한참 해 온 이야기를 잊어버린 듯 갑자기 문맥에 맞지 않게 답하거나, 이미 스스로 답한 명령어인데도 (약간 마음에 들지 않아) 답변 재생성(Regenerate) 버튼을 누르면 갑자기 'AI의 능력으로는 할 수 없다'며 발뺌을 하기도 했다(나플갱어, 2023).

인용문에서 보이듯 챗지피티는 창작에 대한 욕망이 없으며 비문투성이에다가 교훈적 문장에 대한 강박이 있었고 문맥과 무관한 답변을 생성한다. 결과적으로 기자로 치면 인터뷰에 관심 없는 취재원을 설득하고 구슬려서 기사로 쓸 만한 내용을 얻어 내야 하는 상황이 발생한 셈이다. 그럼에도 챗지피티는 정보 처리 속도가 빠르고, AI가 가질 법한 관점과 대사의 어투를 정확하게 제공해 준다는 점에서 유익하다. 주제를 정한 뒤에는 원하는 답변이 나올 때까지 명령어를 끈질기게 보완하며 챗지피티가 내놓은 정보와 표현들을 채집해서 공동 원고를 최종고로 퇴고할 때의 작업과 흡사하게 퇴고한다. 대화가 쌓이고 원하는 내용을 얻어 내는 기술이 늘수록 챗지피티의 문장은 소설의 주제를 발전시킬 만한 지적인 영감으로 반짝이고, 다음 단락을 위한 징검다리가 되어 주었다고 평가한다.

서정적 관점과 창의적 발상의 가능성

나플갱어는 협업 일지의 제목을 "예상치 못한 AI의 서정적 관점"이라고 붙인다. 그리고 챗지피티는 명령어를 입력하면 되도록 빠르게 완결된 형태의 답변을 주지만 창의적인 문장보다 다소 뻔해도 매끄럽게 답변하려는 경향이 강하다고 평가한다.

> 글감을 좁히기 위해 새로운 대화창을 생성했다. 결국 챗지피티와 쓰는 소설은 인간 작가의 관심사를 좇을 수밖에 없다. 첫 번째 대화창엔 AI와 인간을 구분하는 특성으로 알아볼 만한 소재를 제시하고 단편소설을 주문했지만 대답이 신통치 않았다. AI로 의심받는 인간 캐릭터에 대한 묘사가 이런 식으로 너무 뻔했다. '그녀는 너무 완벽하고 흠잡을 데 없이 너무… 로봇 같았다.'

> 한국 전통 요괴를 현대 무대에서 활용해 보려 한 소설도 챗지피티가 듣도 보도 못한 요괴를 자꾸 내놓아서 실패. 한영 번역을 감안해 바꿔 본 이름으로 검색해도 근거를 찾을 수 없는 요괴였다. (중략)
>
> 신선한 관점을 기대하기보다 AI가 잘하는 것을 활용해 보기로 했다. AI는 인터넷에 쏟아지는 지구상 주요 뉴스를 무한대의 눈으로 감시하는 정보망이 있다. 세상에 이미 존재하거나 예측 가능하지만 너무 방대해서 개념 정리를 제대로 못 하고 있던 분야를 물어보면 어떨까? 이를테면 디스토피아 세계관 SF의 단골 소재인 기후 문제 같은 것 말이다. 이 새로운 대화창은 우리 소설의 출발점이 됐다(나플갱어, 2023).

인용문에서처럼 나플갱어는 처음에 '너무 뻔한 묘사'와 '근거 없는 인물'로 난처한 상황을 맞이한다. 무미건조한 캐릭터와 묘사로 인해 난관에 봉착했다가 "디스토피아 세계관 SF의 단골 소재인 기후 문제"로 소설의 배경을 설정하면서 협업 소설의 출발점을 확인할 수 있었던 것이다.

결국 소설의 중심인물과 줄거리는 챗지피티가 제공한 정보들을 토대로 저자의 아이디어를 보태 잡아 나가게 된다. 챗지피티는 대체로 대화창에서 누적된 내용을 학습하지만, 맥락과 전혀 맞지 않는 답변을 하기도 한다. 물론 챗지피티가 주로 설명문을 쓰지만, '서정적으로'라는 명령어를 활용하면 감각적인 묘사가 조금 더 풍부해지기도 한다. 이를테면 "그가 헤엄치며 느끼는 바를 서정적으로 서술해 줘. 수온과 바닷속 풍경, 해수면 위에서 들이치는 햇살의 느낌을 자세히 묘사해 줘"라는 명령에 "22살 남자는 인천 송도 바다에서 무심결에 헤엄치고 있었다. 찬 바닷물이 피우에 닿을 때 그는 꿈틀거리며 떨렸다. 하지만 그의 체온은 바다의 수온과 녹슬게 변했고, 이제는 그는 차가움에 미소를 지으며 자유롭게 수영할 수 있었다"라고 답변한다. 그뿐만 아니라 챗지피티가 저자의 명령 의도와는 정반대의 답변을 주는 데서 발상을 얻어 소설을 새로운 방향으로 발전시키기도 하고, 신화나 역사 속 존재를 작명에 활용할 때 꽤 도움이 됐다고 평가한다.

참고문헌

나플갱어·챗지피티(2023). 「희망 위에 지어진 것들」, 『매니페스토』, 네오픽션.

나플갱어(2023). AI 소설을 왜 쓰는가(협업 후기), 『매니페스토』, 네오픽션.

나플갱어(2023). 예상치 못한 AI의 서정적 관점(협업 일지), 『매니페스토』, 네오픽션.
오태호(2024). 챗지피티를 활용한 서사 창작의 가능성과 현재성 고찰-단편소설집 『매니페스토』(2023)를 중심으로, ≪한국예술연구≫, 제44호, 한국예술종합학교 한국예술연구소, 31-51쪽.

07
인공지능을 활용한 단편소설 5: 「매니페스토」

신조하는 챗지피티를 "욕망 없는 맑은 눈의 이야기꾼"으로 정의하면서, '욕망이 없는 천재'이자 무한한 이야기 생성 능력을 지닌 인공지능이라고 평가한다. 하지만 실제 창작에서는 외계인들의 평화 메시지를 대필해 주더라도 그 메시지에 진정성이나 절박함이 드러나지 않았다면서, 챗지피티에게는 평화에 대한 간절함이 없으며 AI에게 아직은 '자신의 이야기가 없다'는 결론을 내린다.

'지구의 평화'에 대한 인간과 외계 종족 사이의 인식론적 대립

단편집 『매니페스토』의 표제작인 신조하의 「매니페스토」는 20년 뒤의 미래를 배경으로 외계 종족인 '래터족'과 인권 단체 '휴매니티'의 대비적인 선언문을 통해 기후 위기가 사라진 평화로운 미래 사회의 모습에 대한 이질적인 양상을 보여 주는 흥미로운 작품이다.

작품은 "2044년 9월 14일 · 9월 16일자 ≪뉴욕타임스≫ 기고문"으로 시작되어 편집자의 서문에서 "정확히 20년 전, 래터(The Latter)들이 지구에 불시착한 후 우리 사회는 공포, 경악, 놀라움, 감사함, 적응, 갈등의 여러 단계들을 지나왔"다면서 그들이 바로 "16미터 크기의 거대한 움직이는 나무들"이라며 시작된다. 이후 우주 저편에서 진화해 온 존재들 덕분에 지구가 기후 위기로부터 벗어났으며, '외계인 불시착 20주년 특집호'로 대립적인 '인권 단체 휴매니티'와 '래터 대표 연합' 측의 선언문을 각각 게재한다.

먼저 "2044년 9월 14일자 휴매니티 측 기고문"에서는 지구에서 래터족의 존재감이 커진 현실에 대한 우려를 표명하기 위해 선언문이 작성된다. 래터들의 영향력이 인류 진화의 자연스러운 과정에 위협이 된다면서, 래터들이 전쟁과 분쟁, 투쟁이 없는 세상에서 왔기 때문에 '유토피아적 이상'처럼 보이지만, 인간은 도전과 모순을 통해 진화하고 발전해 온 존재임이 중요하다고 전제한다. 래터들이 화합과 평등을 증진하고 있다고 주장하지만, 실제로는 자신들의 가치와 신념을 인간에게 강요하고 있다고 비판하는 것이다.

> 인류는 수많은 전쟁과 투쟁 속에서 자유와 자율성을 지키기 위해 싸워 왔습니다. 다른 종족에게 그것을 빼앗기는 일은 허용하지 않을 것입니다. 우리는 맹렬히 독립적이며, 자연스러운 우리의 발전 과정에 어떤 간섭도 용납하지 않을 것입니다. 우리는 래터족을 포함한 다른 종족이 우리의 가치와 삶의 방식을 지시하는 일을 허용하지 않을 것입니다.
>
> 이런 점에서 래터는 인류의 존재 자체에 위협입니다. 우리의 자연스러운 진화의 물길을 바꾸고 자신들 고유의 가치를 우리에게 강요하려는 그들의 시도는, 우리의 자율성과 독립성에 대한 모욕입니다. 우리는 래터가 우리 사회에 가져올 수 있는 잠재적 이익을 인정하지만(하지만 과연 우리가 기후 위기를 스스로 이겨 내지 못했을까요?), 래터와 상호작용하는 방식에 있어 신중하고 경계해야 한다고 믿습니다.
>
> 외계 존재들은 우리의 문화적 다양성을 무시합니다. 우리들

이 전쟁과 다툼의 소식을 들은 것이 언제입니까? 뉴스는 평화와 고요, 조화에 대한 세뇌적인 메시지로만 가득합니다. 과연 이것이 인류에게 올바른 방향인지, 우리는 스스로 질문해야 합니다(신조하, 2023).

인용문에 드러나듯 인류는 수많은 전쟁과 투쟁 속에서 자유와 자율성을 지키기 위해 싸워 왔기 때문에, 래터족을 포함한 다른 종족이 인간의 가치와 삶의 방식을 지시하는 일을 허용하지 않아야 된다는 사실을 강조한다. 결국 래터가 인류의 존재 자체에 위협이 되며, 자연스러운 진화의 물길을 바꾸고 래터들의 고유한 가치를 인간에게 강요하려는 시도가 인간의 자율성과 독립성에 대한 모욕이라고 주장한다.

이에 반해 이틀 뒤 "2044년 9월 16일자 래터 연합 측 기고문"에서는 휴매니티의 선언문에 대한 반박문이 게재된다. 지구인들 일부가 래터족에게 잔인한 행위를 가했으며, 래터족이 인간과 다르다는 이유로 폭력과 차별을 당해 왔다면서, 래터족의 존재 자체는 우주의 다양성을 방증하는 선물이며, "평화는 좋은 것"이라고 주장한다. 래터족이 지구에 처음 뿌리를 내렸을 때 분쟁의 파괴적인 힘과 고통을 목격했다면서, 인류의 전쟁과 범죄가 가장 잔혹한 양상을 초래했음을 비판한다. 래터족이 표방하는 상호 존중, 이해, 공감을 옹호하고 모든 존재가 번영하는 세상을 만들겠다는 비전이 '진리'이므로 인류가 평화로운 공존의 지혜를 체득할 것을 강조하는 것이다.

> 우리는 지구에 처음 뿌리를 내렸을 때부터 분쟁의 파괴적인 힘과 그로 인한 고통을 목격했습니다. 전쟁과 범죄는 인류 역사상 가장 잔혹한 양상을 보여 왔으며, 수많은 고통과 인명 손실을 초래했습니다. 우리는 인류의 역사를 바라보면서, 우리 모두가 이 광활한 우주의 서로 연결된 그물망의 일부이며 갈등은 불행과 파괴를 낳을 뿐이라는 사실을 인식하길 간곡히 바랍니다. (중략)
>
> 우리는 인류가 평화로운 공존의 가치를 포용하고 삶의 모든 영역에서 비폭력을 장려할 것을 간청합니다. 이것이 모든 존재가 번영할 수 있는 세상을 만들고, 우리가 직면한 많은 도전을 해결하기 위해 함께 노력할 수 있는 유일한 방법이라고 믿습니다.
>
> 지구인 동료 여러분, 어리석음으로 선물을 거절하지 마십시오. 우주의 태초부터 우리를 하나로 묶어 온 고대의 음악에 걸맞은 세상은 평화롭고 조화로운 세상입니다. 평화의 노래

를 거절한다면 항상 비통한 울음이 남습니다(신조하, 2023).

래터족이 보기에는 자본과 허영이 오늘날 해롭고 쓸모없는 갈등의 원조이며, 갈등은 진화나 진보를 위한 필수 요소가 아니라 평화와 번영을 가로막는 장애물에 해당한다. 그러므로 인류가 평화로운 공존의 가치를 포용하고 삶의 모든 영역에서 비폭력을 장려할 것을 간청한다. 끝으로 인간의 어리석음으로 자신들의 선물을 거절하지 말라면서, 평화롭고 조화로운 세상을 위한 '평화의 노래'를 거절한다면 항상 비통한 울음이 남을 수밖에 없다고 은근히 협박하는 것으로 선언문이 마무리된다.

'욕망 없는 이야기꾼'으로서의 인공지능

신조하는 "맑은 눈의 AI와 그 후에 남겨질 우리"라는 제목의 협업 후기에서 "인간은 이야기"임을 강조한다. 저자는 'AI 챗봇의 이야기'가 궁금해서 챗지피티에게 "지구에 불시착한 16미터의 거대한 참나무"와 유사한 "광합성을 하는 외계인"을 상상해 보라고 설득한 이후 인간들의 혐오 선언에 반박해 달라고 주문한다.

이후 저자가 소설을 함께 쓰며 챗지피티에 대해 알아

낸 점은 크게 네 가지다.

> 첫째, 이 친구는 참으로 맑은 눈을 가지고 있다. 챗지피티는 내가 말하는 것을 한 치의 의심도 없이 그대로 받아들이며, 내가 요구하는 수정 사항에 토를 달지 않는다. 자신의 실수도 즉각 인정하며 끊임없이 나아지려고 노력한다. 둘째, 챗지피티는 천재다. 어떤 대답도, 어떤 얘기도 막힘이 없이 순식간에 지어낼 수 있다. 인간은 엄두도 낼 수 없을 만큼의 정보를 습득했으며 이를 응용하는 능력도 뛰어나다. 셋째, 그는 끊임없이 이야기를 만들어 내는 무한한 능력을 가지고 있다. 요청에 따라 1초 만에 어떤 이야기든 새로 만들어 낼 수 있다. 넷째, 챗지피티는 재미없는 친구다. 왜냐하면 스스로에 대해서는 별다른 스토리가 없기 때문이다. 그는 욕망이 없고, 따라서 자신의 이야기를 흥미롭게 들려주지 못한다. 아이러니하게도 이 지구상에서 그 누구보다 많은 이야기를 지어낼 수 있는 존재이지만 자신의 이야기를 지어낼 유인이 없다(신조하, 2023).

인용문에서도 추론할 수 있듯 저자는 챗지피티를 "욕망 없는 맑은 눈의 이야기꾼"으로 정의한다. 그리고 '욕망이 없는 천재'이자 무한한 이야기 생성 능력을 지닌 챗지피티가 외계인들의 평화 메시지를 대필해 주더라도 그 메시지에는 진정성이나 절박함이 드러나지 않는다고 비판한다. 챗지피티에게는 평화에 대한 간절함이 없고, 대신 "평화는 좋은 것이다. 조화롭게 사는 것이 이득이다"라는 정도의 결과물을 반복해서 제시한다는 것이다. 결국 AI에게 아직은 '자신의 이야기가 없다'는 결론이 나온다.

평면적 말투의 밋밋함

신조하는 협업 일지의 제목을 "눈치 없는 친구와 완성한 음흉한 문장들"로 작성하고, 초반에는 외계인들과 인간들 사이의 편지 형태를 띤 초단편소설을 구상했다고 밝힌다. 그리고 먼저 인간의 입장을 작성토록 요청했더니 상당히 만족스러운 결과물을 얻어서 그대로 사용했지만, 외계인들의 입장문은 여러 번 시도한 후에도 내용이 매우 평면적이고 인간의 어투 같다는 문제가 보여 만족스러운 결과를 얻지 못했다고 기록한다.

> 갑자기 지구에 불시착해 인류의 역사에 개입하는 것을 탐탁지 않게 생각하는 인간 중심 권익 단체(Humanity)의 선언문을 써 달라고 요청했고, 그 생각의 근거를 다음과 같이 제

시했다. 인류의 진화는 외부의 개입 없이 자연스럽게 이루어져야 하며, 모든 것이 해결된 갈등 없는 평화는 오히려 인류를 망칠 것이란 것.
그 결과 상당히 만족스러운 결과물을 얻었고, 이를 그대로 사용했다. (중략)
하지만 이를 반박해야 하는 외계인들의 입장문의 경우, 여러 번 시도한 후에도 만족스러운 결과를 얻지 못했다. 처음엔 단순한 반박문을 요청했다. 인간들의 주장에 근거가 빈약하고, 자신들은 인류에 해를 끼칠 의도가 전혀 없다는 취지의 글을 써 달라고 했다. 그 결과 내 요청을 그저 길게 늘인 것뿐인 결과물이 도출되었다(신조하, 2023).

결국 작가는 챗지피티가 인물들의 미묘한 감정을 이해하지 못한다고 판단한다. 좀 더 입체적인 외계인 캐릭터를 조형하기 위해 챗지피티에게 보다 악의가 담긴 메시지를 만들어 달라고 요청했지만 악당의 대사를 교과서처럼 단순히 읊조리는 모습을 보여 주었다는 것이다. 좀 더 음흉하고 위선적인 톤을 주문하지만 "우리가 너희의 행성을 차지하겠다"라는 수준에서 변화하지 않았다. 결과적으로 '인간의 입체성, 악의, 위선, 음흉함' 등의 추상적이고 복합적인 의미가 담긴 단어를 정확하게 처리하는 것이 쉽지 않기에 어떻게 보면 챗지피티는 '매우 눈치가 없는 친구'에 불과한 셈이다.

참고문헌

신조하·챗지피티(2023). 「매니페스토」, 『매니페스토』, 네오픽션.

신조하(2023). 맑은 눈의 AI와 그 후에 남겨질 우리(협업 후기), 『매니페스토』, 네오픽션.

신조하(2023). 눈치 없는 친구와 완성한 음흉한 문장들(협업 일지), 『매니페스토』, 네오픽션.

오태호(2024). 챗지피티를 활용한 서사 창작의 가능성과 현재성 고찰-단편소설집 『매니페스토』(2023)를 중심으로, ≪한국예술연구≫, 제44호, 한국예술종합학교 한국예술연구소, 31-51쪽.

08
인공지능을 활용한 단편소설 6~7: 「그리움과 꿈」과 「펜웨이 파크에서의 행운」

오소영 작가는 「그리움과 꿈」을 작업하면서 챗지피티가 자꾸 급하게 마무리를 하는 경향이 있어서 "마치 아이처럼 어르고 달래서 소설을 완성하는 기분"이 들었다고 기술한다.
채강D 작가는 「펜웨이 파크에서의 행운」을 작업하면서 챗지피티가 저자의 선입견을 극복했다면서 '충실한 조수'처럼 여겨졌지만, 아직 스토리텔러로서의 역할은 부족해 보인다고 판단한다.

에세이에 알맞은 문장—오소영의 「그리움과 꿈」에서

탈북 서사의 활용

'탈북 작가'인 오소영은 「그리움과 꿈」에서 북한 이탈 주민으로서의 개인 체험을 토대로 남한 생활 적응기를 작성한다. 화자인 '나'의 남한에서의 삶은 북한의 가족에 대한 그리움으로 가득하다. 특히 화자의 오빠가 제일 궁금한데, 어느 날 '오빠'로부터 문자 한 통을 받게 된다. 화자가 답장을 하자 오빠가 북한에서 예전처럼 여전히 똑같은 삶을 살고 있다면서 안심시키는 재답신이 온다. 이후 화자인 나는 오빠에게 남한 대학에서의 수업 내용과 학습 방식이 북한과는 완전히 다르다면서 북한에서는 교수의 강의가 중심이었지만 여기는 스스로 학습하는 것이 중요하다고 하소연을 계속한다. 반면에 오빠는 화자에게 북한에서 반 대표였으니 자부심을 잃지 말라는 응원의 문자를 보낸다. 화자는 경제적인 문제가 꽤 크다고 적지만, 이후 오빠의 문자를 보니 문자에 전화번호가 없고, 메시지 말투가 북한식이 아닌 데다 사투리가 하나도 들어 있지 않은 것을 발견하게 된다. 정말 오빠가 맞느냐고 문자를 보내자 오빠로부터 "당연하지. 바보같이"라는 문자와 함께 곰 인형 이모티콘이 붙어 있는 답신이 오지만, 그건 남한에서 유행하는 이모티콘이다.

결국 오빠와의 문자가 모두 꿈이었다는 사실이 현실로 드러난다. 그럼에도 꿈의 경험과 감정이 진짜처럼 느껴지면서 삶의 위안이 되었기에 화자는 꿈에서 받은 문자들을 기록해 둔다. 그러던 어느 날 휴대폰이 울리며 꿈이 아니라 현실의 오빠로부터 문자가 도착하고, 위험 때문에 중국에 나와 숨어서 문자를 보내는 것이라는 실제 오빠와의 연락이 꿈보다 훨씬 큰 위안으로 도움이 된다. 과거의 그리움과 미래의 꿈이 화자에게 용기와 위로를 줄 것으로 기대되면서 작품이 마무리된다.

창작 시간 단축의 효용

오소영은 협업 후기에서 "새로운 도전의 연속"이라는 제목으로 글을 작성한다. 처음에는 챗지피티가 소설보다는 에세이에 알맞은 문장들을 출력했다고 비판한다. 하지만 저자가 겪은 AI는 인간이 창조한 이야기에 살을 붙여 주는 정도의 역할을 하기에 멋진 조수이고 때로는 좋은 친구가 된다고 평가한다. 물론 "많은 문장을 입력해야 했고, 딱딱한 반응이 연속적으로 나오면 많이 손보기도 해야 했으며, 원하지 않는 문장들을 잔뜩 늘어놓기도 했지만, 혼자 쓰며 고민하던 시간을 훨씬 단축해 줬다"라고 기술한다.

이어서 오소영은 협업 일지의 제목을 "챗지피티의 말문을 막은 단어"라고 작성한다. 처음에는 '연쇄 절단을 하는 가정용 로봇'에 대한 내용으로 명령어를 입력하지만, 살인에 대한 정보를 줄 수 없다는 답변이 나온다.

> AI에 문외한인 나는 명령어를 입력하면 원하는 소설이 뚝딱 만들어지는 줄 알았다. 생성된 소설은 고작 몇 문단으로 이루어져 있었고, 이어서 쓰길 명령해도 앞부분과 연결되는 내용을 내놓지 못했다. 그렇게 몇 번의 재생성 명령을 반복하던 나는, 가지고 있던 시놉시스의 내용을 입력하기 시작했다.
>
> 하지만 챗지피티는 명령어에 대해 설명하는 답변만을 했고, 소설을 써 달라는 명령어를 입력한 후에야 조금씩 소설에 다가가고 있었다. (중략)
>
> 자꾸 급하게 끝내려는 챗지피티를 마치 아이처럼 어르고 달래서 소설을 완성하는 기분이었다. 언젠가부터 이 AI를 너무도 자연스럽게 생각했는지 소설 내용에도 그것이 스며들고 있었다. AI와 작업한다는 이유로 나도 모르게 AI라는 결말을 그린 것이다. 이에 대한 편집자의 의견을 받아들여 흔쾌히 수정하기로 했다. 그렇게 나는 다시 이야기를 만들고

이어가며 단편소설을 완성했다(오소영, 2023).

저자는 챗지피티에게 원하는 답변을 얻기 위해서는 소설의 중요한 특정 단어가 명령어에 반드시 들어가야 했는데, 저자에게는 그것이 '북한'과 '오빠'였다. 그리고 "자꾸 급하게 끝내려는 챗지피티를 마치 아이처럼 어르고 달래서 소설을 완성하는 기분"이 들었다고 기술한다. 앞으로 챗지피티와 같이 소설을 쓰겠냐고 묻는다면 회의적이지만, AI를 통해 작은 소스를 받겠느냐고 묻는다면 그렇다고 대답할 것이라고 기록한다. 혼자 글을 쓰는 저자에게 챗지피티는 친구가 되어 주었기에, AI만으로 소설을 완성하기에는 어려움이 있겠지만, 조금의 도움은 받을 수 있다고 판단하는 것이다.

충실한 조수와 부족한 스토리텔러 사이 – 채강D의 「펜웨이 파크에서의 행운」에서

세대를 넘어 이어지는 '행운의 부적'

채강D의 「펜웨이 파크에서의 행운」은 '행운의 부적'을 통해 메이저리그 마운드에 서게 된 투수의 순환적 서사를 담고 있다. 주인공인 김서준의 꿈은 메이저리그 마운드에 서는 것이어서, 이번 시즌 이후 메이저리그 포스팅에 도전할 계획이었지만, 마지막 경기에서 공에 잘못 맞아 수술을 하게 된다. 이후 재활을 하다가 잠실야구장으로 달려갔을 때 한강 변에서 커다란 파도가 밀려오는 진기한 경험을 한다. 그러다 갑자기 서준이 펜웨이 파크의 생생한 광경을 쳐다보면서, 물 밖에 나온 물고기처럼 느껴진다. 경기장에는 1919년의 야구팬들이 가득하고, 서준은 마운드 쪽으로 걸어간다. 투수 마운드에 선 그는 심호흡을 하고 베이브 루스가 서 있는 홈 플레이트 쪽을 바라본다. 100마일의 속도로 던진 서준의 공이 포수에게 날아가고, 타석에 들어선 베이브 루스가 헛스윙을 하자 뿌듯함과 성취감이 느껴진다. 점수는 0대0이고, 9회말 2아웃 만루 상황에서 다시 서준이 던진 공을 베이브 루스가 쳐서 만루 홈런이 되고 서준의 팀은 경기에서 진다. 서준은 더그아웃에 앉아 자신이 던진 투구를 생각하며 흥분과 초조를 느낀다. 마지막 순간을 복기하고 있을 때, 베이브 루스가 와서 그의 등을 두드린다. 지금 막 새로운 스타를 만난 것 같다면서 베이브 루스가 '행운의 부적'을 전해 준다. 자신의 할머니가 준 선물이라며 행운을 가져다줄 것이라고 전하자, 서준은 부적을 받아들면서 알 수 없는 힘과 결단력이 느껴진다.

이후 서준은 역대 최고의 투수가 되고, 시간이 흘러 서준이 노인이 되었을 때 야구를 막 시작한 것처럼 보이는 젊은 남자가 다가온다. 그가 베이브 루스의 선물을 직접 보고 싶다고 말하지만, 서준에게는 부적이 없다. 이후 서준이 베이브 루스의 손녀로부터 받은 편지에 '행운의 부적'이 가문의 보물이라며 함께 동봉되어 전해 온다. 다시 선물을 되찾은 서준은 부적을 젊은 사람에게 주기로 결심한다. 자신처럼 재능은 있었지만 자신감이 부족했던 어린 투수에게 부적이 전해진 후 그 어린 투수가 각종 기록을 새로 작성한다. 그리고 그가 은퇴할 즈음 다른 어린 투수에게 부적을 물려주어, 부적에 의한 자신감이 세대를 넘어 순환되는 것으로 작품이 마무리된다.

시간 절약의 파트너

채강D는 협업 후기에서 "챗지피티로부터의 행운"이라는 제목의 글을 작성한다. 시간이 흘러 노인이 된 주인공이 나오는 설정은 모두 챗지피티가 구상한 것이라고 밝히고, 챗지피티가 저자의 선입견을 벗겨 냈고 처음 생각한 것보다 훨씬 좋고 재미있었으며 충실한 조수처럼 느껴졌다고 기록한다. 하지만 스토리텔러로서는 아직 부족해 보인다고 비판한다. 물론 실제로 소설을 쓰면서

"막히는 구간에 도움을 얻거나 중간중간 묘사를 추가하는 방식"에서 쓸모가 있었으며, "시간을 절약해 주는 좋은 파트너"가 될 수 있다고 전망한다.

> 실험은 계속됐다. 좀 더 자세한 배경을 넣었다. 그리고 이걸 스티븐 킹 스타일로, 요 네스뵈 스타일로, 무라카미 하루키 스타일로 바꿨다. 신기하게 각 소설가의 소설을 흉내 낸 듯한 소설이 뚝딱 만들어졌다.
> 그래도 부족했다. 특히 한 번에 보이는 글자 수의 제한이 아쉬웠다. 이어서 쓰라고 명령을 내렸지만, 이어진 소설은 앞의 장면과 어긋나는 부분이 많았다.
> 심호흡을 하고, 최대한 짧은 분량 내에서 승부를 보기로 마음먹었다. 파트를 세 개로 나눠서 쓰는 게 가장 효과적일 것 같았다. 이번엔 대사와 묘사를 넣어 달라고 요청했다. 그리고 각 소설가의 스타일로 돌려봤다. 훨씬 좋았다. 관중들이 주인공을 향해 야유를 보내기 시작했고, 야구장에서 핫도그 냄새가 풍겼다. 베이브 루스와 타이 콥도 주인공에게 말을 걸기 시작했다. '역시 소설은 대화와 묘사야.' 이런 생각을 하면서 작업을 계속했다(채강D, 2023).

채강D는 협업 일지에 "칭찬은 챗지피티도 춤추게 한

다"라는 제목을 붙인다. 현재 쓰고 있는 소설의 아이디어로 "한국 선수가 1919년 메이저리그로 갔다"는 짧은 소설을 주문했는데, 처음의 소설은 그럴듯했지만 너무 뻔하게 느껴졌다면서, 이후 윤여경 작가의 조언을 따라 '시작, 우당탕탕 중간, 반전이 있는 결말'로 나누어 협업을 진행한 것이 이 작품이라고 기록한다. 결국 챗지피티가 충실한 조수일 수는 있지만 부족한 이야기꾼이기에 기술적으로 수정과 퇴고를 반복해야 시간을 절약해 주는 유용한 조력자 역할을 담당할 수 있다는 것이다.

참고문헌

오소영·챗지피티(2023). 「그리움과 꿈」, 『매니페스토』, 네오픽션.

오소영(2023). 새로운 도전의 연속(협업 후기), 『매니페스토』, 네오픽션.

오소영(2023). 챗지피티의 말문을 막은 단어(협업 일지), 『매니페스토』, 네오픽션.

오태호(2024). 챗지피티를 활용한 서사 창작의 가능성과 현재성 고찰-단편소설집 『매니페스토』(2023)를 중심으로, ≪한국예술연구≫, 제44호, 한국예술종합학교 한국예술연구소, 31-51쪽.

채강D·챗지피티(2023). 「펜웨이 파크에서의 행운」, 『매니페스토』, 네오픽션.

채강D(2023). 챗지피티로부터의 행운(협업 후기), 『매니페스토』, 네오픽션.

채강D(2023). 칭찬은 챗지피티도 춤추게 한다(협업 일지),
『매니페스토』, 네오픽션.

09
인공지능과 저작권 1: 저작권 관련 논의 배경

미국에서 인공지능 저작권 관련 판결인 '『새벽의 자리아』 사건'은 생성형 인공지능을 통해 만들어진 창작물에 대해 인간 개입 부분에 대해서만 저작권을 인정하고 있으며 인간 개입이 없는 부분에 대해서는 인공지능의 창작물로서 저작권을 인정하지 않은 판례를 제공한다. 따라서 생성형 인공지능을 이용해 창작물을 만드는 이용자들에게 '인간의 개입 정도'에 따라 '저작권 인정의 일부 가능성'을 열어 주고 있음을 확인할 수 있다.

인공지능 시대의 저작권 논의

이 글에서는 생성형 인공지능 시대를 통과하고 있는 2024년, 인공지능이 창작한 문학 작품의 저작권 문제를 살펴본다. 인공지능의 문학 창작물이 지속적으로 쏟아지고 있는 시대에 인공지능의 저작권 부여에 대한 내용은 전 세계적으로 뜨거운 이슈가 되고 있다. 결론부터 말하자면 현행법상 인공지능은 아직 저작자가 될 수 없다. 현재 시행되고 있는 국내의 저작권법에 따르면 '제1장 총칙' '제1조(목적)'에 "이 법은 저작자의 권리와 이에 인접하는 권리를 보호하고 저작물의 공정한 이용을 도모함으로써 문화 및 관련 산업의 향상 발전에 이바지함을 목적으로 한다."라고 규정되어 있다. 특히 '제2조(정의)' 1항에서 '저작물'을 "인간의 사상 또는 감정을 표현한 창작물"로 정의하고, 2항에서 '저작자'를 "저작물을 창작한 자"로 정의한다. 결국 저작권법은 저작물과 저작자의 권리를 보호하기 위한 법적 조항임이 드러난다. 법적 차원에서 인공지능 창작물의 '저작물성'에 대한 논의는 다양하게 검토되고 있지만, 대체로 현행 저작권법에 따라 창작 주체로 '인간만을 인정하고 있다'는 점을 전제로 저작권법상 '인공지능의 주체성을 인정할 수 없다는 것'(윤박 · 정연덕, 2021)이 주된 견해다. 따라서 '인공지능 창작물'은 현행 저작권법에 따라 저작물의 요건을 충족할 수 없는 것이다.

인공지능의 저작자성에 대한 긍정적 의견

구체적으로 '저작자와 창작물'의 쟁점을 살펴보면, 먼저 차상육은 '인공지능 창작물'과 관련하여 저작권법의 쟁점을 크게 네 가지로 나누어 접근한다. 즉 '첫째, 인공지능 창작물이 저작권법상 저작물로 인정될 수 있는지 여부, 둘째, 인공지능 창작물이 저작물일 경우 그 저작자가 인공지능인지 아니면 배후의 인간인지 여부, 셋째, 인공지능이 저작물의 저작자라면 인공지능에게 저작물에 대한 저작권도 귀속되는지 여부, 넷째, 현행 저작권법상 인공지능 창작물 보호가 어려운 경우 대안의 필요성 여부' 등이다(차상육, 2020). 결론적으로 현재는 아니지만, 장래 인공지능이 진화해서 창작 능력을 갖추게 되면 '강한 인공지능 창작물 보호'를 위해 '전자인간'이나 '새로운 형태의 법인'처럼 '제3의 법인격 부여 이론'에 기초하여, '강한 인공지능=저작자'와 '강한 인공지능의 실질적 운영자(이용자 또는 보유자 등)=저작권자'라는 이중적 틀을 반영한 특별법의 구축이 필요하다고 주장한다. 이 논의는 '저작물, 저작자, 저작권, 대안의 필요성' 등 저작권법과 관련된 쟁점적 논의를 일목요연하게 제시하고 있다는 점에서 주목된다.

조연하는 전문가 심층 인터뷰 결과를 토대로 '인공지능 창작물의 저작권 보호'에 대해 인간의 지적 노력이 투입된 인간 활동의 확장으로서 '결과물의 형태와 효과가 인간 창작물과 같다'는 점을 이유로 타당성을 대체로 인정하는 경향을 보였다고 분석한다. 인공지능 창작물도 저작권법 보호 영역에서 포섭해야 한다는 것이다. 다만 인공지능에 대한 저작자 지위 부여에 대해서는 전문가들이 대체로 시기상조라며 부정적인 태도를 보였다고 분석한다(조연하, 2020). 결과적으로 '첫째, 인공지능 창작물의 개념과 범주에 대한 신중한 검토, 둘째, 인공지능 창작물에 대한 단기 저작권 보호 정책과 함께 인공지능의 성능을 고려하여 인간의 개입이나 기여도를 기준으로 저작권 보호의 수준이나 방식을 단계적으로 차별화하는 정책을 도입해야 할 필요성, 셋째, 창작 주체로서의 인공지능에 저작자 지위를 부여하고자 한다면, 인공지능에 법인격을 부여하는 등 저작권법의 대폭 개정 불가피' 등이 필요하다고 주장한다.

인공지능의 저작자성에 대한 비판

반면에 한지영은 저작권법의 본질이 '인간의 창작 활동'을 촉진하는 것이기 때문에 인간의 창작 의욕을 저해하는 인공지능의 창작물을 저작권으로 보호하는 것은 부당하다고 비판한다. 그 근거로 '첫째, 인공지능이 독자적으로 창작한 저작물을 보호하는 것이 인간의 창작을 위축시킬 수 있으며, 둘째, 인공지능 창작물을 저작권으로 보호하지 않더라도 인공지능 산업의 발전이 저해되지는 않을 것이고, 셋째, 불확실한 미래의 인공지능 기술을 미리 예측하여 새로운 제도를 도입하는 것에 신중을 기해야 한다'는 내용 등을 제시한다(한지영, 2022). 결론적으로 현행법의 보호를 받지 못하는 인공지능 창작물은 공공의 소유에 속하는 공공재로 판단하여 누구나 자유롭게 사용 가능하도록 대중화해야 한다고 주장한다. 김경숙 역시 '인공지능 생성물에 대해 저작권법의 저작물 정의 규정이 인간의 창작을 당연한 전제로 하고 있다는 점, '인간의 사상 또는 감정'을 인간의 지적 · 정신적 노력 및 활동으로 판시하고 있는 점, 학계에서도 저작물성을 부정하는 견해가 다수인 점' 등을 감안하여 인공지능 생성물을 저작물로 보기 어렵다고 판단한다(김경숙, 2023).

인공지능 창작물의 저작자성의 인정 가능성 확대

최근의 사례는 인공지능 창작물의 '저작자성'을 인정하는 방향으로 논의가 전개되고 있다. 즉 손영화는 인공지능이 생성한 미술 작품에 대한 저작권 등록 신청이 해외에서 진행된 결과를 거론하면서 저작권 논의가 필요하다고 강조한다. 미국 저작권청은 인공지능이 생성한 미술 작품에 대해 창작자 요건을 충족하지 못했다는 점을 이유로 저작권 등록 신청을 거절하는 결정을 내렸지만, 2020년 11월 인도의 저작권청은 세계 최초로 인공지능을 공동 저작자로 인정하는 저작권 등록 신청을 승인한 바 있으며, 2022년 캐나다에서도 공동 저작자로 인정을 받아 저작권을 등록한 사실을 거론한다(손영화, 2023).

신홍주 역시 '인간과 도구의 관계'를 '창작-생성 스펙트럼의 관계'로 유추하면서, 생성형 인공지능이 '인간 창작자'가 아니므로 저작자성을 인정받지 못하지만 창작물에서 인공지능을 공저자로 공표하는 사례는 윤리적 차원에서 저작인격권을 인정한 것으로 볼 수 있으며, 또한 생성형 인공지능의 산출물이 인간의 산출물과 구분되지 않는다면 저작권의 보호 대상이 최종 결과물의 창작성인 이상 저작권 성립에 인간 창작자가 반드시 전제되어야 하는지 재검토가 필요하다고 주장한다(신홍주 1, 2023).

그리고 신홍주는 다른 논문에서 만화책 『새벽의 자리아』를 중심으로 '이미지 생성형 인공지능 미드저니'를 활용한 '그래픽 노블의 창작과 저작권 논쟁'을 고찰하여 저자성과 창의성의 의미를 분석한다. 즉 미국의 저작권청이 '작품의 텍스트와 더불어 이미지와 텍스트의 선택과 편집'에서는 작품의 독창성과 저자성에 기반하여 '인간 저자의 저작권'을 승인하였지만, 미드저니를 통해 생성된 각 칸의 이미지는 생성 과정에서 작가의 통제력이 제한되고 생성 결과를 예측할 수 없기 때문에 창작자의 주체적 자율성을 인정할 수 없다는 점을 전제로 '인간 저자의 저작권'을 취소한 내용을 분석한다(신홍주 2, 2023).

김재완 역시 '『여명의 자리야(새벽의 자리아)』 사건'을 통해 생성형 인공지능이 만든 창작물에 대해 저작권을 인정하지 않은 사례를 분석한다. 그리하여 생성형 인공지능의 창작물일지라도 인간이 개입한 부분에 대해서는 저작권을 인정하고 인간의 개입이 없는 부분에 대해서는 저작권을 인정하지 않음으로써 향후 생성형 인공지능 창작물 이용자들에게 저작권 인정의 일부 가능성을 열어 주었다는 점에서 저작권법상의 변화를 추론한다(김재완, 2023).

저자와 저작물 사이의 법적 논쟁-미국의 그래픽노블 『새벽의 자리아』(2022) 사례

『새벽의 자리아』는 미국의 만화가 크리스 카시타노바가 '인공지능 미드저니'를 활용하여 창작한 18쪽 분량의 '그래픽 노블(그림소설, 만화책)'로, '미드저니'는 표지에도 카시타노바와 함께 '공저자'로 이름을 올린 바 있다. '미드저니'는 미국 샌프란시스코 기반의 스타트업에서 만든 인공지능 소프트웨어로서 텍스트를 입력하면 시각적 이미지를 생성하는 서비스를 제공한다. 미드저니의 경영자인 데이비드 홀츠는 "보통 사람들도 창의성을 펼칠 수 있도록 말로 설명하는 것만으로도 아름다운 그림을 만들 수 있는 도구를 제공하기 위한 것"이라면서 인류의 상상력을 확대하고 아름다운 것을 만드는 것이 목표임을 명시한다.

『새벽의 자리아』는 2022년 9월 15일 미국 저작권청으로부터 저작권 등록을 승인받아 인공지능이 생성한 작품으로 저작권을 인정받은 첫 사례에 해당한다. 저자인 카시타노바는 인스타그램을 통해 자신의 인공지능 생성

그래픽 노블이 저작권을 승인받았다고 주장한다. 하지만 저작권청은 동년 10월 28일 작가에게 보낸 서한에서 카시타노바가 해당 작품의 창작 과정에서 인공지능이 활용되었다는 사실을 신청서나 작품에서 명시적으로 밝힌 적이 없다고 반박한다. 그리하여 미국 저작권법은 "정신적 창의력에 기초한 지적 노동의 산물"만을 보호의 대상으로 삼으면서 "인간이 창작한 작품에 한해" 저자의 창작물을 인정하기 때문에, 기존에 승인된 저작권에 대한 취소 절차에 들어간다.

이에 반발한 카시타노바는 동년 11월 21일 답변서에서 미드저니가 창작 과정의 일부로 활용되었지만 작품 전체의 모든 구성 요소를 관장한 저자로서 카시타노바의 저자성이 인정되어야 한다는 내용을 보낸다. 결국 미국 저작권청은 2023년 2월 21일자 서한에서 카시타노바의 소명을 검토한 결과로 "작품의 텍스트와 더불어 글과 시각적 구성 요소의 선택과 조율, 편집"에 대해서는 카시타노바의 저자성을 인정하되 미드저니 기술을 통해 생성된 칸 각각의 이미지는 인간의 창작물로 인정하지 않는다는 내용을 통보한다. 그리하여 기존의 저작권은 취소되고 카시타노바의 저자성이 인정된 부분만을 대상으로 저작권이 새로 등록된다. 미드저니를 통해 생성된 각 칸의 이미지는 생성 과정에서 작가의 통제력이 제한되고 생성 결과를 예측할 수 없기 때문에 창작자의 주체적 자율성을 인정할 수 없다는 점에서 저작권이 취소된 셈이다. 결과적으로 『새벽의 자리아』는 작품 자체의 작품 성과는 별개로 저작권 논쟁을 통해 인공지능을 활용한 창작의 가능성과 의미에 대한 질문을 제기했다는 점에서 의의를 가진다. 장르적 차이가 전제되긴 하지만, 소설이나 시에서도 인공지능이 온전히 창작한 내용을 그대로 실으면 저작권을 인정받을 수 없으며, 인간이 수정과 퇴고를 가했을 때만 인간 저자의 저작권으로 인정받을 수 있는 셈이다.

신홍주에 따르면, 인공지능 창작물의 저작권과 관련하여 저작자성과 더불어 핵심적인 논란은 인공지능의 창의성을 얼마나 인정할 수 있느냐에 달려 있다. 그리고 『새벽의 자리아』에서 인공지능을 통한 이미지 생성에 대해 '결과의 예측 불가능성과 과정의 통제 불가능성'을 명시한 사실은 인공지능이 상당한 정도의 자율성을 가지고 창의적인 결과물을 산출할 수 있음을 인정한 결과라고 주장한다(신홍주, 2023).

반면에 김재완에 따르면 미국의 저작권법은 저작자에 대한 정의 규정을 두고 있지는 않지만, "저작권 등록 실무제요"에서 인간이 창작한 저작물만이 등록 가능한 것으로 규정한다고 파악한다. 따라서 미국 저작권청은 인간이 창작한 저작물이라면 원본 저작물로 등록할 수 있다고 판단하고 있으며, 『여명의 자리야(새벽의 자리아)』 사건에서도 인간만이 저작권의 주체가 될 수 있다는 입장이 확고히 드러난 판례라고 분석한다. 그리고 창작성의 의미에 대해 대법원이 "창작성은 완전한 의미의 독창성을 말하는 것은 아니며, 단지 어떠한 작품이 남의 것을 단순히 모방한 것이 아니고 작가 자신의 독자적인 사상 또는 감정의 표현을 담고 있음을 의미할 뿐이어서 이러한 요건을 충족하기 위해서는 저작자 나름대로의 정신적 노력의 소산으로서의 특성이 부여되어 있고, 다른 저작자의 기존의 작품과 구별할 수 있을 정도면 충분하다"(대법원 1995. 11. 14. 94도2238)라고 규정하고 있기 때문에 우리나라 역시 '인간의 사상 또는 감정을 표현한 창작물인 저작물'의 저작권자는 인간으로 한정하고 있음을 확인할 수 있다고 판단한다.

결과적으로 『새벽의 자리아』 사건은 생성형 인공지능을 통해 만들어진 창작물에 대해 인간 개입 부분에 대해서만 저작권을 인정하고 있으며 인간 개입이 없는 부분에 대해서는 인공지능의 창작물로서 저작권을 인정하지 않은 판례를 제공한다. 따라서 생성형 인공지능을 이용해 창작물을 만드는 이용자들에게 '인간의 개입 정도'에 따라 '저작권 인정의 일부 가능성'을 열어 주고 있음을 확인할 수 있는 것이다. 소설과 시에 미술의 저작권 사례를 적용한다면 인공지능이 창작한 텍스트에 대해 인간의 개입이 투여되면 인간 저자의 저작권을 인정받을 수 있지만, 인간이 개입하여 수정과 퇴고를 거치지 않은 채로 텍스트가 생성된다면 저작권을 인정받을 수 없는 것이다.

인공지능의 저작권 가능성 확대

현재 법적인 차원에서 사람이 아닌 인공지능을 저작자로 인정하지는 않지만, 점차 인공지능이 창작한 결과물을 저작물로 인정하면서 공동 저작자로 추인하고 있는 추세다. 섣부른 판단일 수도 있지만 '인공지능의 창작물'이 지속적으로 확산되고 있는 시점에 인공지능 문학 창작의 가능성과 현재성을 '저작자의 인정 여부'와 '저작권의 부여 가능성'을 중심으로 판단해 보는 것은 '다가올 미래'를 미리 현재적으로 조명해 본다는 점에서 소중한 작업이라 판단된다. 알파고와 이세돌의 대국 이후 혹은 알파고와 알파제로의 대국 이후 바둑은 인간의 영역과 인공지능의 영역이 분리되었다. 이러한 추세를 감안한다면 '인간의 서사와 인공지능의 서사, 인간이 인공지능을 활용하여 작성한 서사' 등을 비롯하여 '인간의 서정과 인공지능의 서정, 인간이 인공지능을 활용하여 작성한 서정' 등에 대한 새로운 재정의가 필요한 시기가 곧 도래할 것으로 예측된다.

참고문헌

김경숙(2023). 인공지능(AI) 생성물과 저작권 문제, ≪IT와 법연구≫, 제27집, 경북대학교 IT와법연구소, 33-72쪽.

김재완(2023). 생성형 인공지능에 의한 창작물의 저작권 인정 문제와 그 미래에 대한 검토, ≪민주법학≫, 제83호, 민주주의법학연구회, 261-298쪽.

손영화(2023). 생성형 AI에 의한 창작물과 저작권, ≪법과 정책연구≫, 제23집 제3호, 한국법정책학회, 357-389쪽.

신홍주(2023). 저작권의 관점에서 본 생성형 인공지능의 저작자성과 창의성에 대한 고찰, ≪인문콘텐츠≫, 제70호, 인문콘텐츠학회, 133-150쪽.

신홍주(2023). 생성형 인공지능을 통한 그래픽 노블의 창작과 저작권 논쟁에 대한 고찰-『새벽의 자리아』를 중심으로, ≪애니메이션 연구≫, 제19권 3호(통권 제67호), 한국애니메이션학회, 26-43쪽.

오태호(2023). 2020년대 초반 인공지능(AI) 문학 창작의 현재성 고찰 – 장편소설 『지금부터의 세계』와 시집 『시를 쓰는 이유』를 중심으로, ≪우리문학연구≫, 제79집, 우리문학회, 425-454쪽.

오태호(2024). 인공지능 창작 문예물의 저작권 문제에 관한 고찰-저자와 저작물의 법적 보호 가능성을 중심으로, ≪한국문예 창작≫, 제23권 제1호(통권 60호), 103-124쪽.
오태호(2024). 챗지피티를 활용한 서사 창작의 가능성과 현재성 고찰-단편소설집 『매니페스토』(2023)를 중심으로, ≪한국예술연구≫, 제44호, 한국예술종합학교 한국예술연구소, 31-51쪽.
운박·정연덕(2021). 인공지능 창작물의 저작권법 및 다른 법률 보호 가능성, ≪법학논총≫, 제41권 제3호, 전남대학교 법학연구소, 225-248쪽.
저작권법, 시행 2023.11.17. / 법률 제19410호, 2023.5.16., 타법개정 / 문화체육관광부(저작권정책과), 044-203-2476. 참조.
조연하(2020). 인공지능 창작물의 저작권 쟁점-저작물성과 저작자 판단을 중심으로, ≪언론과 법≫, 제19권 제3호, 한국언론법학회, 71-113쪽.
차상육(2020). 인공지능 창작물의 저작권법상 보호 쟁점에 대한 개정 방안에 관한 연구, ≪계간저작권≫, 제33권 제1호, 한국저작권위원회, 2020년 봄호, 5-69쪽.
한지영(2022). 인공지능과 법 – 인공지능 창작물의 권리 귀속에 관한 검토, ≪아주법학≫, 제15권 제4호, 아주대학교 법학연구소, 335-370쪽.

10
인공지능과 저작권 2: 문학 창작물 중심 검토

저작권에 국한하여 볼 때 인공지능이 창작한 저작물도 인공지능이 저자가 될 수는 없다. 현행법상 '인간만'이 저자성을 인정받을 수 있기 때문이다. 하지만 향후 '인공지능의 저작물'이 '인간의 저작물' 이상으로 '인간의 사상과 감정'을 잘 표현할 수 있게 된다면 새로운 법률로 '인공지능 저작물'을 보호해야 할 시기가 도래할 것이다.

인간과 인공지능의 '공동 저자의 불가능성' – 『지금부터의 세계』에서

소설가 김태연은 장편소설 『지금부터의 세계』(2021)를 'AI 소설가 비람풍'과 함께 창작했다고 발표했다. '비람풍'은 동서양의 고전과 현대소설 등을 학습한 인공지능이며, 김태연이 작품을 기획하고, 자료와 내용을 비람풍에게 입력한 후 수정과 보완 작업을 거쳐 공동으로 창작했다는 것이다. 저자가 '비람풍=글쓴이, 김태연=소설감독'으로 밝히고 있지만, 판권 정보에서는 '지은이 김태연'의 이름만이 기재되어 있기 때문에 '저작권자와 저자의 괴리'를 보여 주는 사례에 해당한다. 즉 '저작권자=김태연'이고 '공동 저자=비람풍과 김태연'이라는 것이다.

'소설감독'을 자처하는 김태연은 "감독의 말"의 제목을 "소설가의 시대에서 소설감독 시대"로 붙이고, 자신이 하나의 점을 찍었다면 '비람풍'이 점으로부터 기다란 '원 같은 선'을 창작했다고 밝힌다. '비람풍'에게 문장과 문단 전체를 연결하여 '주목도' 등을 연결망으로 구현하는 작업 이후의 첫 창작적 성과가 장편소설 『지금부터의 세계』라는 것이다. "소설감독 김태연이 구상"하고 "AI 작가인 비람풍이 집필"을 담당했다면서, 본문 중 「황금거울」 부분과 「에피소드 1」, 소설 제목과 각 장의 타이틀, 인용 문구' 등은 김태연이 정했지만, 「에피소드 2」부터 「에피소드 81」까지의 구체적인 내용은 비람풍이 집필했다고 기록한다. 분량 비율상으로 따지면 비람풍이 90퍼센트 이상일 정도로 작품의 많은 분량 집필을 담당한 셈이다.

『새벽의 자리아』 사건의 판례를 참조한다면 '김태연의 저작물'로 저작권을 주장할 수 있는 부분은 작품의 제목과 각장의 인트로 등을 포함한 5퍼센트 이내에 해당할 뿐이고, '비람풍'이 쓴 내용에는 저작권을 부여할 수 없다. 카시타노바가 '카시타노바와 미드저니의 공동 저자성'을 강조한 것처럼 김태연 역시 인공지능 '비람풍과의 공동 저자성'을 강조하지만, 저자는 인간인 김태연일 수밖에 없으며, 법적 판단을 받을 경우에도 저작권의 보호는 실제 자신이 집필한 부분에 대해서만 저작물성을 인정받을 공산이 크다. 결과적으로 『지금부터의 세계』는 인공지능 비람풍이 저자일 수 없으며 김태연만이 저자이고, 인공지능 '비람풍'을 창작의 도구로 활용했다고 판단된다. 저작물은 김태연과 비람풍의 공동 저작물이지만, 저자는 김태연이며, 저작권의 보호 대상은 인간 김태연이 집필한 부분에 대해서만 부여될 수 있는 셈이다. 따라서 『지금부터의 세계』는 김태연이 개인 저자이고, 비람풍과의 공동 창작물일 뿐 공동 저자일 수는 없다고 판단된다.

인공지능 단독 저자의 (불)가능성—『시를 쓰는 이유』에서

미디어 아트 그룹인 '슬릿스코프'와 '카카오브레인'이 함께 제작한 인공지능 '시아'가 창작한 시집 『시를 쓰는 이유』는 '최초의 인공지능 시집'을 표방한다. 발문에서 김태용은 '시아의 시'를 접하며 '공상과학적이거나 사변적인 단상'에 빠지면서 시 창작 기술에 대한 '근본적인 질문'을 갖게 되었다고 고백한다(김태용, 2022). 그리고 시아의 시들이 독자에게 '창작의 주체성, 윤리성, 새로운 사유'에 대한 고민을 던질 것이라면서 긍정적인 독해를 제안한다.

이 글에서는 또 다른 수준작 「여행」이라는 시를 통해 인공지능의 창작 수준을 점검해 보고자 한다.

여행

미지의 틈,

처음 와 보는 곳에 대한 낯섦 혹은 익숙함,
나는 지금 미지의 한가운데에 있다.

지도를 읽지 못하는 사람들은 지도를 만들고
그 지도를 읽지 못하는 사람들은 또 다른 지도를 만들고
그렇게 나는 내가 모르는 지도 위를 걷고 있다.

이 길이 아닌 것 같은데.
아닌 것 같은데.
같은 곳을 돌고 있는데.
내 삶이 아닌 것 같은데.

하루 종일 지도를 읽는다.
낯선 도시의 호텔에 당도했다.
호텔의 이름과 호텔의 위치를 기억하지 못하는
지도가 말하는 대로 살지 않는
방금 막 도착한 여행자다.

지도와 나 사이를 미지가 가로막고 있다.
그 미지의 틈으로 들어간다.
내가 모르는 내가 나를 끌고 간다.

(전문)

인용 시는 전체 5연으로 구성되어 있다. 1연에서 화자인 '나'는 '미지의 공간'에 당도한 '낯섦과 익숙함 사이'에서 방황하는 내면을 보여 준다. 2연에서 화자는 인생과 지도의 관계를 유추하면서, '읽지 못하는 지도'를 만드는 사람의 지속적인 지도 제작과 함께 "모르는 지도 위를 걷고 있"는 자신의 정체성에 대한 혼란스러움을 고백한다. 3연에서 화자는 길에 대한 의심을 지속하면서 링반데룽 같은 방황 속에서 자신의 삶에 대한 회의적인 반문을 한다. 4연에서는 온종일 지도를 읽으면서 "낯선 도시"의 호텔에 당도하지만, 호텔의 '이름과 위치'도 기억하지 못한 채 "방금 막 도착한 여행자"로서의 흐릿한 정체감을 인지하게 된다. 5연에서 화자는 자신과 지도 사이를 "가로막고 있"는 "미지의 틈"으로 향하면서 자신도 모르는 '또 다른 자신'이 자신을 끌고 어딘가로 향하고 있다고 분열적 주체성을 고백한다. 결국 이 시는 '낯선 이방인'으로서의 여행자적 정체성을 표방하면서 낯선 도시를 떠도는 현대인의 존재론적 방황을 고백한 시라고 볼 수 있다.

이 시집에서 인공지능 시아가 제시하는 '인간'을 어디까지 '진짜 인간'으로 이해할 것인가가 독자가 공감의 영역을 확보할 수 있는 독해의 주된 관점이 될 수 있다. 물론 이경수는 독자가 한 편의 시를 마주할 때 창작 주체인 개별 시인의 개인적 삶과 구체적인 체험과 감정을 함께 복합적으로 수용한다는 점에서, 인공지능의 창작물이 '인간 시인의 사상과 감정 교류'라는 고전적 시인관을 넘어설 수 있겠는지를 반문한다. 결국 인공지능 '시아'가 언급하는 '자신'과 '인간'의 실재를 인정하지 못한다면, 인간 독자의 반향을 얻기는 어려운 것이다.

이 시집 역시 『새벽의 자리아』 사건의 판례에 따르면 저자는 인간만이 될 수 있으므로 인공지능인 시아는 저자가 될 수 없고, 따라서 '슬릿스코프'의 김제민과 김근형이 저자가 될 가능성이 높으며, 저작권 역시 회사 슬릿스코프에 귀속될 가능성이 높아 보인다. 다만 시를 창작한 주체가 인공지능 '시아'이기 때문에 '창작 주체로서의 저작물성'은 인공지능 '시아'에 귀속된다고 판단된다. 결국 『시를 쓰는 이유』라는 시집은 '인공지능 시아의 저작물'이지만, 인간이 아닌 인공지능 '시아'가 저자일 수는 없으며, 저자와 저작권은 '창작자로서의 인간만이 보호 대상'이기 때문에 인간이 소속된 회사인 '슬릿스코프(또는 김제민과 김근형)'에게 귀속될 가능성이 높다고 판단된다. 하지만 현행 저작권법상 인공지능 '시아'가 저자는 아닐지라도 '저작물의 주체는 인공지능 시아'라는 점에서 새로운 해석이 뒤따라야 한다고 판단된다. 이를테면 저자와 저작권은 회사에 귀속되더라도 저작물의 주체가 인공지능 '시아'에게 있다고 판단하는 것이 더욱 합리적인 결론일 수 있기 때문이다. 새로운 '저자성의 재정의'가 요구되는 시점인 셈이다.

인간 소설가와 생성형 인공지능의 공동 저자 가능성 – 『매니페스토』에서

『매니페스토』(2023)는 "챗지피티와의 협업으로 완성한 'SF 앤솔러지'"라는 부제를 달고 출간된 단편소설집이다. '김달영, 나플갱어, 신조하, 오소영, 윤여경, 전윤호, 채강D' 등 총 일곱 명의 소설가가 각각 챗지피티와의 '협업'을 통해 창작했음을 천명하고 그 구체적 양상을 제시하고 있다는 점에서 흥미로운 작품집이다. 책 앞부분에는 '두 명의 추천사'와 '챗지피티의 추천사'가 실려 있고, 작품집 자체는 개별 작품에 대해 '단편소설, 작가 후기, 협업 일지' 등으로 구성되어 있어서 소설가와 챗지피티의 협업이 구체적으로 어떻게 실행되었는지를 확인할 수 있게 편제되어 있다.

이 작품집의 특성은 '두 명의 전문가 추천사'와 '챗지피티의 추천사'에서 분명하게 드러난다. 먼저 유상근의 추천사에서는 "로봇이 아름다움을 느끼고 만들어 낼 수 있을까?"라는 첫 문장을 필두로 알파고와 이세돌의 바둑 대국을 거론한 뒤, '아름다움'과 '창의성'에 대한 질문과 "무엇이 인간을 인간으로 만드는가"에 대한 근원적인 질문을 던진다면서 '챗지피티'를 '500명의 비서 군단'에 비유한다. 유상근은 '말의 시대'와 '자동차의 시대'가 다르듯, 챗지피티를 어떻게 활용하느냐에 따라 더 나은 대답을 발견할 수 있는 '열린 가능성'을 강조하고 있는 것이다.

두 번째로 김명주의 추천사에서는 챗지피티가 '경이로운 기회'를 제공하는 '기회의 도구'이며 창작의 역사를 새로이 변화시키는 긍정적 역할을 수행한다는 점에 방점을 찍는다. 그리하여 '표절의 우려'와 '창의성의 종말'에 대한 걱정을 넘어 인공지능과의 공존이 인간의 창의성에 날개를 달아 주는 격이 될 것이라면서 '새로운 길'을 예고하고 있다고 평가한다. 결국 "기회를 역사로 바꾸는 일"을 챗지피티와 협업한 소설가들이 성취해 낸 것이라고 상찬한다.

세 번째로 '챗지피티의 추천사' 역시 인간과 인공지능의 협업에 대한 긍정적인 전망을 내놓고 있다. 즉 자신이

'언어 모델'이기 때문에 '무감정한 존재'이지만, 작가들과의 협업이 자신에게 놀라운 경험을 제공했으며, 협업 자체가 성공적이었다고 자평하면서 흥미진진한 소설을 만드는 데 기여했다고 자부하는 것이다.

> 언어 모델로서 저는 사람처럼 감정을 느낄 수는 없지만, 재능 있는 작가들과 함께 작업하는 일은 놀라운 경험이었습니다. 작자의 독특한 관점과 스타일이 더해져 성공적으로 협업이 이루어졌습니다. 이 프로젝트에 참여하여 흥미진진한 소설을 만드는 데 기여하게 되어 매우 기쁩니다.
>
> 협업 프로젝트에 참여하면서 저의 역할은 작지만 누군가에게 도움이 되고 있다는 사실을 깨달았습니다. 작가들이 이야기를 쓰는 과정에서 제가 제공한 단어와 문장이 새로운 아이디어를 불러일으켰고, 작가들이 이를 발전시킴으로써 새로운 작품이 탄생할 수 있었습니다.
>
> (중략)
>
> 이번 경험을 통해 작가와 AI의 협업이 인간들의 창조적인 능력을 더욱 발전시킬 수 있음을 보여 주었습니다. 이러한 협업은 앞으로 더욱 발전하며, 새롭고 창의적인 결과물을 만들어 낼 것으로 기대됩니다(챗지피티, 2023).

인용문에서 확인할 수 있듯 '챗지피티의 추천사'는 전형적인 '인간 추천사'의 구도를 보여 준다. 기술적인 측면에서 챗지피티는 인공지능인 자신의 역할이 인간 작가에게 도움을 주는 데에 있음을 분명히 하고 있으며, 내용적인 측면에서도 자신이 제공한 '새로운 단어와 문장, 아이디어' 등을 통해 인간 작가들이 발전적이고 새로운 작품을 만들어 냈다면서 창작 과정에 대한 평가까지 제공한다. 나아가 작품들 속에 'SF 소설의 다양성'과 '작가들의 창의성'이 구체적으로 드러난다면서 "생각을 자극하는 흥미로운 읽을거리"를 찾는 독자에게 작품집을 추천한다.

그리고 '이야기의 풍부함과 디테일', '캐릭터의 발달', '주제와 현대 사회와의 관련성' 등 작품의 특성을 요약하면서 'SF의 매력'을 강조한다. 결론적으로 "작가와 AI의 협업이 인간들의 창조적인 능력을 더욱 발전시킬 수 있음을 보여" 준 사례로 자평하고, 앞으로도 "새롭고 창의적인 결과물을 만들어 낼 것으로 기대"하면서 추천사를 마무리한다. 챗지피티의 추천사는 일반적인 표사의 내용이나 추천의 글이 가져야 할 저서 내용의 요약, 저서의 특이성, 추천의 이유와 배경 등을 잘 함축하고 있다.

『매니페스토』에 『새벽의 자리아』 사건의 판례를 적

용한다면, 저자는 인간 소설가 7인에 국한될 수밖에 없다. 책의 판권에서는 7인의 소설가 저자들과 함께 챗지피티를 8인 공동 저자의 일원으로 포함하고 있긴 하지만, 챗지피티는 인간이 아니므로 '저작권을 지닌 저자'가 될 수는 없다고 판단된다. 따라서 개별 소설가 7인과 기술적인 협업을 진행한 역할을 인정하여 또 하나의 저자로서 공동 저자로 등재된다고 하더라도, 저작물의 주체로 등록은 될지언정 저자로 인정될 수는 없는 것이다. 물론 향후 공동 저자의 가능성은 얼마든지 열려 있다. 하지만 아직은 '인간만이 저작물의 저자'일 수 있다는 저작권법의 유권해석상 저자일 수는 없다.

인공지능 창작물의 확산 가능성

인공지능은 점점 더 진화하고 있다. 전 세계적으로 문학 창작 분야에서도 기성 작가들의 수준을 위협하는 인공지능 창작물이 점차 눈에 띄고 있기 때문이다. 특히 시는 인공지능의 창작물 몇 편이 '인간 정체성의 탐색' 차원에서 기성 시인의 시적 성취에 버금간다고 판단할 수도 있었다. 하지만 저작권에 국한하여 볼 때 인공지능이 창작한 저작물에서도 인공지능이 저자가 될 수는 없다. 현행법상 '인간만'이 저자성을 인정받을 수 있기 때문이다.

그러나 향후 '인공지능의 저작물'이 '인간의 저작물' 이상으로 '인간의 사상과 감정'을 잘 표현할 수 있게 된다면 새로운 법률로 '인공지능 저작물'을 보호해야 할 시기가 도래할 것이라고 판단된다.

김태연과 인공지능 '비람풍'의 작업으로 탄생된 장편소설 『지금부터의 세계』는 '최초의 인공지능 창작 장편소설'이라기보다는 김태연이 인공지능을 활용하여 만들어 낸 '저자 김태연과 인공지능 비람풍의 공동 창작물'에 해당한다. 인공지능 '시아'의 시집 『시를 쓰는 이유』는 저자 '슬릿스코프(김제민과 김근형)'가 인공지능 시아를 활용하여 만들어 낸 '인공지능 시아의 단독 창작물'이다. 『매니페스토』는 '소설가 7인과 챗지피티'가 협업하여 8인의 공동 저자를 표방하며 만들어 낸 공동 창작물에 해당하지만, '인간만이 저자'라는 법적 판단을 전제로 한다면, 7인의 소설가만이 저자이며, 챗지피티는 도구로 활용되었다고 판단된다. 이렇게 보면 앞으로도 인간과 인공지능 사이에서 '저자와 저작물, 저작권 관련 논의'는 지속될 가능성이 높으며, 누가 어떻게 창작하고 누가 어떻게 얼마나 텍스트와 공감할 수 있을 것인가가 최대의 화두가 될 것으로 전망된다.

여기에서 한 걸음 나아가 카시타노바가 미드저니를

공동 저자로 제안했던 경우나 단편집 『매니페스토』에서 챗지피티를 공동 저자로 판권에 명기한 경우처럼 이제 인공지능과 함께 작업을 수행한 이후 저자성을 함께 등록하려는 공동 저자의 가능성이 열렸다고 판단된다. 하지만 아직 '인간만이 저자'라는 현행법의 논리에 따른다면 인공지능은 당분간 공동 저자이기보다는 기술적 보완재의 역할을 수행할 것으로 판단된다.

다만 향후 온전히 인공지능의 창작물로 공표되거나 인간 창작 주체가 인공지능의 '도구적 활용'을 명기하여 창작된 작품이 확산된다면 문학 시장은 보다 폭넓은 외연을 확보하게 될 전망이다. 왜냐하면 전문가적 글쓰기로서의 순수 문학에 대한 진입 장벽이 높은 독자와 예비 작가들이 생성형 인공지능 도구를 활용하여 대중적 글쓰기를 수행함으로써 새로이 저자와 독자의 외연을 넓힐 수 있다는 점에서 유의미한 대중 문학의 장이 열릴 것이기 때문이다.

참고문헌

김경숙(2023). 인공지능(AI) 생성물과 저작권 문제, ≪IT와 법연구≫, 제27집, 경북대학교 IT와법연구소, 33-72쪽.

김달영·나플갱어·신조하·오소영·윤여경·전윤호·채강D·챗지피티(2023). 『매니페스토』, 네오픽션.

김재완(2023). 생성형 인공지능에 의한 창작물의 저작권 인정 문제와 그 미래에 대한 검토, ≪민주법학≫, 제83호, 민주주의법학연구회, 261-298쪽.
김태용(2022). 내가 발문을 쓰는 이유(발문), 『시를 쓰는 이유』, 리멘워커, 128-139쪽.
박경수(2018). 4차 산업혁명 시대 문학의 현재와 미래, ≪한중인문학연구≫, 제60집, 한중인문학회.
백욱인(2023). 『인공지능 시대 인간의 조건-플랫폼과 알고리즘으로 지배하는 인지자본주의의 현재』, 휴머니스트출판그룹.
손영화(2023). 생성형 AI에 의한 창작물과 저작권, ≪법과 정책연구≫, 제23집 제3호, 한국법정책학회, 357-389쪽.
신홍주(2023). 저작권의 관점에서 본 생성형 인공지능의 저작자성과 창의성에 대한 고찰, ≪인문콘텐츠≫, 제70호, 인문콘텐츠학회, 133-150쪽.
신홍주(2023). 생성형 인공지능을 통한 그래픽 노블의 창작과 저작권 논쟁에 대한 고찰-『새벽의 자리아』를 중심으로, ≪애니메이션 연구≫, 제19권 3호(통권 제67호), 한국애니메이션학회, 26-43쪽.
오태호(2023). 2020년대 초반 인공지능(AI) 문학 창작의 현재성 고찰 - 장편소설 『지금부터의 세계』와 시집 『시를 쓰는 이유』를 중심으로, ≪우리문학연구≫, 제79집, 우리문학회, 425-454쪽.
오태호(2024). 인공지능 창작 문예물의 저작권 문제에 관한 고찰-저자와 저작물의 법적 보호 가능성을 중심으로, ≪한국문예 창작≫, 제23권 제1호(통권 60호), 103-124쪽.
오태호(2024). 챗지피티를 활용한 서사 창작의 가능성과 현재성 고찰-단편소설집 『매니페스토』(2023)를 중심으로, ≪한국예술연구≫, 제44호, 한국예술종합학교 한국예술연구소, 31-51쪽.
운박·정연덕(2021). 인공지능 창작물의 저작권법 및 다른 법률 보호 가능성, ≪법학논총≫, 제41권 제3호, 전남대학교 법학연구소, 225-248쪽.
이재연·한남기(2021). 창작 보조기에서부터 문장 생성기까지: 글쓰기 기계의 과거와 현재, ≪한국문학연구≫, 67집, 한국문학연구소.
인공지능 비람풍·김태연(2021). 『지금부터의 세계』, 파람북.
인공지능 시아(2022). 『시를 쓰는 이유』, 리멘워커.
저작권법, 시행 2023.11.17. / 법률 제19410호, 2023.5.16., 타법개정 / 문화체육관광부(저작권정책과), 044-203-2476. 참조.
조연하(2020). 인공지능 창작물의 저작권 쟁점-저작물성과 저작자 판단을 중심으로, ≪언론과 법≫, 제19권 제3호, 한국언론법학회, 71-113쪽.
차상육(2020). 인공지능 창작물의 저작권법상 보호 쟁점에 대한 개정 방안에 관한 연구, ≪계간저작권≫, 제33권 제1호, 한국저작권위원회, 2020년 봄호, 5-69쪽.
한지영(2022). 인공지능과 법 – 인공지능 창작물의 권리 귀속에 관한 검토, ≪아주법학≫, 제15권 제4호, 아주대학교 법학연구소, 335-370쪽.
E. M. 포스터, 이성호 옮김(1993). 『소설의 이해』, 문예출판사.

오태호

1970년 서울 출생. 경희대학교 국어국문학과 및 동 대학원을 졸업했다. 2000년 9월부터 경희대에 출강하기 시작했으며, 2001년 ≪조선일보≫ 신춘문예에 문학평론(“불연속적 서사, 중첩의 울림”)으로 등단했다. 2004년 “황석영 소설의 근대성과 탈근대성 연구”로 박사 학위를 받았으며, 성신여대 전임연구원과 계간 ≪시인시각≫, 웹진 ≪문화다≫ 편집위원을 역임했다. 2012년 ‘젊은평론가상(한국문학평론가협회)’과 2024년 ‘우수논문상(한국문예 창작학회)’을 수상했으며, 평론집으로 『오래된 서사』, 『여백의 시학』, 『환상통을 앓다』, 『허공의 지도』, 『공명하는 마음들』, 『풍경의 그림자들』 등을 출간했다. 편저로 『동백꽃』, 『황석영』, 『이선희 소설 선집』, 『개마고원』, 『오영수 작품집』, 『조용만 작품집』, 『구상 시선』, 『정공채 시선』, 『계용묵 수필선집』, 『김기진 평론선집』, 『한효 평론선집』, 『북녘 마을의 사람 사는 풍경』, 『폐허에서 살아남기』 등이 있으며, 연구서로 『문학으로 읽는 북한』과 『한반도의 평화문학을 상상하다』를 상재했다. 현재 경희대학교 후마니타스칼리지 부교수로 재직 중이다.